Karl Gottlob von Anton

Über die Rechte der Herrschaften auf ihre Unterthanen

und deren Besitzungen nebst einigen Bemerkungen über die Verfassung in

der Oberlausiz

Karl Gottlob von Anton

Über die Rechte der Herrschaften auf ihre Unterthanen
und deren Besitzungen nebst einigen Bemerkungen über die Verfassung in der Oberlausiz

ISBN/EAN: 9783744604222

Hergestellt in Europa, USA, Kanada, Australien, Japan

Cover: Foto ©Suzi / pixelio.de

Weitere Bücher finden Sie auf **www.hansebooks.com**

Ueber

die Rechte

der Herrschaften

auf

ihre Unterthanen

und

deren Besizungen

nebst

einigen Bemerkungen

über die Verfassung in der Oberlausiz

von

Karl Gottlob Anton.

Audiatur et altera pars!

Leipzig,
bei Adam Friedrich Böhme.
1791.

Vorrede.

Von Freiheit und Eigenthum sprachen seit einiger Zeit unfre besten, gelesensten Tagschriften, wenn sie des Landmanns gedachten, nanten Leibeigenschaft das, was Erbunterthänigkeit ist [1], schilderten, oft unbekant

---

[1] So ist die Sprache eines Rezensenten in der Algemein. Literaturzeitung 1791. n. 113. S. 99. Ihm ist Leibeigenschaft und Unterthänigkeit gleich, und die Hindernisse ihrer Aufhebung findet er in dem Eigennuz der Edelleute — das heißt entweder, der Gutsbesizer soll seine Gerechtsame hingeben und Bettler werden, wenn der Rezensent von den Diensten es meinet, oder, man soll dem Volke den Zügel schiefsen lassen, und ihm eine unnüze, vielleicht schädliche Sache anvertrauen, wenn er die bloße Aufhebung des Bandes, das den Bauer an seinen Herrn knüpfet, darunter verstehet. Dienste und Schuldigkeiten hängen in unsern Tagen mehr an den Gü-

kant mit des Herrn Gerechtſamen, oft aus Vorſaz, um entweder durch Paradoxien und Hipotheſen berühmt der Nazion allgeliebte Schriftſteller zu ſein, oder um fixirte Ideen nicht verlaſſen zu müſſen, dieſe unſre Rechte, unſre Forderungen, in widrigen Bildern, und freuten ſich, wenn ſie irgend einen matten Kontour in ihrer magiſchen Laterne zum menſchlichen Elendsbilde verkarrikaturiſiren konten. Was Band und Ordnung war, ſoll zerriſſen ſein, was ſich auf Obſervanz, Herkommen und alte, vielleicht verloren gegangene, vielleicht nie ſchriftlich exiſtirte Kompaktate gründete, ſoll annullirt werden ²) und man

Gütern, von denen die Pflicht, den Herrn zu erkennen, getrent werden muſs.
2) Dieſes verlanget ausdrüklich ein Auffaz in dem neuen Deutſchen Zuſchauer 11. Stük S. 163. mit der Schaafhutung. Ein andrer in *Schlözers* Staatsanzeigen 38. St. S. 140. lehret folgendes: „*Gegen das Naturrecht kan niemand ein Recht erlangen*

man thut, als ob der andre Theil
echt und rechtlos sei, also keine Stimme
mehr besize, oder sie durch Barbarien
verwirket habe ³). Bis jezt
sprach

gen. Aus eben dem Grunde kan auch jeder Landesherr — wo hat denn dieser dazu das Naturrecht? — *die unnatürliche grausame Leibeigenschaft ex plenitudine potestatis aufheben und annulliren, die Herren Edelleute, die so gern über ihr Bauervieh despotisiren, mögen auch dazu sagen und einwenden, was sie wollen.*" Ist dieses gegründet, so müssen all' unsre Verbindungen, all' unsre Stände, all' unsere Innungen aufhören, denn alles ist wider das Naturrecht, und wenn irgend etwas zurükbliebe, so wäre die restitutio in integrum, diese Wiederherstellung *in die heilige, rohe, nomadische Natur des Menschen,* unmöglich. Wer ist unter uns frei, frei im vollen Sinne des Wortes? die Fürsten so wenig wie die geringsten ihrer Bürger. Höchstens der Landstreicher in Thüringen zur Strafe des Landmannes. S. Journal von und für Deutschland. 1787. 3. St. S. 242.

3) Unter diese Barbarien würde ich rechnen, wenn es ausgemacht wahr wäre, was Hr. Hofr. *Schlözer* in den Staats-Anzeigen 12. St. S. 410 behauptet, *dass einst jede Jungfraufchaft aller Bauermädgen ihren Tirannen, genant Edelmann, gehört habe.*" Sie gehörte ihm freilich, aber nicht

sprach auch in der That fast nur der eine Theil, nicht durch sich selbst, denn ihm fiel es nie ein, Ideen aus sich zu entwikeln, die seiner Seele entfernt waren, sondern durch unsre Ankläger und seine Vertheidiger, die er nie dazu aufforderte, und die nur auf den Trümmern dieser sublunarischen Verfassung ihre Theorien von der Glückseeligkeit des Standes, dessen Beruf Arbeit ist, auf Kosten des Hö-

nicht im phisischen Sinne, sondern weil sie von ihm die Einwilligung zur Heurath erhalten und die Lösung des Gürtels von ihm lösen musten. Wolte man es wörtlich annehmen, so würde das immer noch nicht ganz erläuterte *schöne Frauenlehn* vermuthlich auch so erklärt werden müssen. Wenn man genau gehen will, so gehörte das *ius primae noctis* der Geistlichkeit, und den Herrschaften das *ius deflorationis*, das ist, der Konsens, der auch noch jezt zur Heurath ertheilet wird. Und das Recht der Geistlichkeit bestand auch nur in der Dispensation der Enthaltung in den drei ersten Nächten, ob es gleich einst ein französischer Priester in natura foderte. S. *Gruppen* von der Teutschen Frau. S. 24.

Höhern würden realifiren können. Die Güterbefizer fchwiegen, nur eine kleine Stimme erfcholl aus Böhmen⁴), aber nichts fruchtete fie, da felbft die ftärkere der Stände in Steiermark ohne Wirkung verhallte⁵). Andre kleine Auffäze fchien man nur als nothgedrungne Ehrenrettungen zu betrachten, denen man allgemeine Säze entgegen ftellen zu können glaubte⁶). Der Landmann lernte die Sprecher der Nazion kennen, ftelte feine Obliegenheiten mit dem ihm bisher unbekanten Rechte der Natur in Vergleichung, vergafs feinen Urfprung, und fand Sachwalter, die diefen nicht kan-

---

4) Ueber das Eigenthums-Recht der Böhmifchen Obrigkeiten auf die Gründe ihrer Unterthanen. 1788. 8.
5) Unterthänigfte Vorftellung der Steierifchen Stände an Se. Majeftät den Kaifer — im Journal von und für Teutfchland. 1789. 8. St.
6) z. B. der Beweis über die Leibeigenfchaft in Weftphalen in *Schlözers* Staatsanzeigen. 12. St. S.406.

kanten, oder nicht kennen wolten, und alles anwendeten, um feine Verbindlichkeiten in natürliche Freiheit aufzulöfen; und bald thut es Noth, dafs wir unfre urfprüngliche Rechte vertheidigen und beweifen müffen! Aber follen wir ewig fchweigen, ewig zufehen, dafs man uns in allen Tagfchriften, als mit der Stimme der Nazion, verrufet; follen wir muthlos die Hände finken laffen, wenn man uns unfer Eigenthum raubt, oder fie gar anlegen, wenn man es waget, unfre Veften zu zerbrechen und unfere Gerechtfame denen zu übertragen, von denen wir fie nie erlangten, und die im Gegentheil uns alles, was fie find und haben, verdanken folten? Und wenn alle fchwiegen, fo will ich reden, es fei auch, dafs man mich mit dem Namen eines Ariftokraten brandmarkte, oder die Stimme eines Barbaren aus den Zeiten des

Fauft-

Fauſtrechtes zu hören wähnte *). Erzählen will ich es, was Eigenſchaft war, wie ſie entſtand ⁷), wie aus ihr Unterthänigkeit ward, was dieſelbe noch vom Herrn und vom Bauer fodere, und das Urtheil ſei jedem unbefangenen Manne überlaſſen, und es wird, es muſs dieſes ſein, daſs noch der Ueberreſt, nach abgeſchafter Härte, nur blos in Ordnung, und in Vorſorge für den Landmann, kurz in demjeni-

*) Geſchloſſen war mein Aufſaz, als ich folgende Stelle des Hrn. Prof. *Eggers*, im Deutſchen Magazin Art. 79. S. 460 las — ſo wird — kein übermüthiger Guthsbeſizer die Biuern, die ihm nur wegen des Grundſtüks, das ſie bearbeiteten, verpflichtet ſind, gleich dem Zugvieh als ſein Eigenthum, als Zubehör von Grund und Boden anſehen. Ohnbeſchadet des Epithetons, das auch mich treffen muſs, und ohne achtet mir die ganze Stelle etwas dunkel vorkomt, wage ich es doch, ohne Uebermuth meine Defenſion druken zu laſſen, und zu bitten, *audiatur et altera pars*.

7) Nicht, als ob ich glaubte, daſs es nicht ſchon vor mir geſchehen ſei — es gibt aber doch bisweilen andre Vorſtellungsarten.

jenigen beſtehe, was man Polizei nennt. Wer da glaubet, daſs ich blos für Feuer und Heerd rede, der widerlege mich aus teutſcher Geſchichte und aus teutſchem Rechte, und teutſches Recht und teutſche Geſchichte wird mit einer neuen Wahrheit bereichert werden, und dazu Gelegenheit gegeben zu haben ſei mir ſo werth, als hätt' ich ſie ſelbſt entdeket. Solte ich, da irren menſchlich iſt, in einzelnen Behauptungen gefehlt haben, ſo wird auch jede Belehrung mir angenehm ſein, um ſo mehr, da jede Zurechtweiſung Einfluſs auf die ganze Lehre von dem Verhältniſſe zwiſchen Gutsherrn und ſeinen Leuten haben würde.

Görlitz am 11ten April 1791.

§. 1.

§. 1.

Der Teutfche ift urfprünglich frei wie jede Nazion, die in Hölen und unter Zelten wohnet. Als wir aufhörten Nomaden zu fein, als unfre Vorfahren fich genöthigt fahen, die Viehzucht mit dem Akerbau zu vertaufchen, und, felbft ungewohnt der Arbeit, Leute dazu beftellen muften, da entftand die Leibeigenfchaft, bald durch Gefangene, die der Krieg, bald durch Sklaven, die der Handel lieferte.

Diefer Urfprung der Eigenfchaft war fo unbekant geworden, dafs, als der Sachfenfpiegel verfertiget ward, vielerlei Meinungen, immer eine lächerlicher als die andere, exiftirten, die der gute *rechtfertige Mann Ekke von Repchaw* [1]) treulich von *Kain* an, hererzählt, und am Ende verfichert, er wiffe felbft nicht, wie fie entftanden fei, komme aber ficher von unrechter

---

1) So nennet ihn gewöhnlich die Gloffe zum Sachfenfpiegel.

ter Gewalt her ²). Und da hat er fehr richtig geurtheilet, aber er faget nicht, dafs man fie umftofsen, und das heilige Naturrecht wieder einfuhren folle, ohnerachtet zu feiner Zeit mehr Eigenfchaft war als jezt. Aber auch die neuern Zeiten verkanten den Urfprung, und trugen irrige Meinungen vor ³), unter welche vorzüglich die Unterjochung der *Slawen* als die *erfte* Quelle gehöret ⁴). Der Teutfche Bauer, der jezt leibeigen oder unterthänig ift, oder es einft war, war alfo kein Teutfcher, fon-

2) Sachfenfpiegel. 3. B. Art. 43. 44.
3) S *Haufchild's* jurift. Abhandlung von Bauern und deren Frohndienften. S. 86. Freilich handelt er, nach damaliger Sitte, zuvor fehr elegant von den Römifchen Bauern.
4) Die Unterjochung der Slawen brachte freilich Eigenfchaft hervor, in den Ländern, wo fie gefchah, aber nicht die Erfinderin der Sache war fie, fondern man wendete nur auf die Slawen teutfche Grundfäze an, vermöge der jeder überwundene Mann eigen ward; denn ehe unfre Gefchichtfchreiber an die Slawen gedenken, finden wir die Eigenfchaft. So wie es mit den Slawen oder Wenden ging, erzählt es der Sachfenfpiegel III. 43. von den Sachfen, da fie, nach feiner Mähr, zu Lande kamen und die Thüringer vertrieben.

fondern' ein durch Krieg oder Handel erworbener Ausländer, denn der Teutfche, den des Spieles wilde Wuth zum Sklaven machte, verlor mit der Freiheit auch fein Vaterland, und diente, auswärts verkauft, nie feinen Mitbürgern, *um die Schande, einen Genoſſen, zum eignen Manne zu haben, nicht auf die Nazion zu bringen* 5), denn der eigne Mann war echt, recht und erblos, konnte nicht dem Heerbanne folgen, noch das Ding befuchen, und er hörte auf ein Teutfcher zu fein. Der eigne Landmann ift alfo fremden Gefchlechts; man machte ihn dienftbar, wie jedes Volk, das aufgehört hat, feine Gefangenen zu fpeifen oder zu tödten. In jenen Ländern, wo er von jeher frei war, ift er fo gut echt gebohren wie der Adeliche, der feinen Stammbaum kent, fo gut frei wie diefer, nur feine Hufe befafs er nicht erblich, fondern als Lehn 6); daher

---

5) *Tacitus* de Mor. Germ. c. 24.
6) Man nahm aber nicht gern freie Leute auf die Manfos, und der Bifchof *Piligrin* von *Paſſau* bat den Kaifer *Otto III.* aus Mangel der *Eigenen* Leute, *Freie* auf feine Stiftsgüter zu fezen. *Gudenus* Cod. Diplom. I. p. 351 — und fo entftanden *manfi ingenuiles et feruiles*, die aber beide *ding-dienft- und zinspflichtig waren.*

daher findet man in manchen teutschen Provinzen freie und eigene Landleute mit einander vermengt, und so entscheidet sich der Streit von selbst, den man vorzüglich bis in die Mitte unsers Jarhunderts führte, ob der Teutsche Bauer ursprünglich frei sei oder nicht?

Und so hatte *Haufchild* 7) recht, wenn er für die Freiheit sprach, und sein Gegner auch, wenn er des Bauers ehemalige Leibeigenschaft behauptete, und beide irten sich, wenn sie dies algemein nahmen, doch der erstere mehr, wenn er uns die Präsumtion für die Freiheit abnöthigen will, da sich durchaus das Gegentheil zeiget 8). Hätte er sich mehr auf Urkunden berufen, als auf den von ihm ganz falsch verstandnen Sachsenspiegel, so würde er diesen Irthum nicht haben begehen können.

Daher sagt die Glosse zum Sachsenspiegel 9) ganz richtig: *des Knechtes Lohn ist sein Leben*, denn dafs der Sieger seinen Vorfahren das Leben liefs, oder dafs sie einst erkauft wurden, ist der Grund seiner Existenz. Dafs an manchen

---

7) a. a. O.

8) S. *B. F. R. Lauhns* Abhandlung von den Frohndiensten der Teutschen. S. 13 etc.

9) 3. B. 32. Art. (Cod. Gorl. 38.)

chen Orten die Luft eigen machte, und es noch thut, war wohl Ausartung des Eigenheitsrechtes. Allein auch sie findet ihre beſſere Deutung, wenn man *Möſern* höret [10]. Denn wie viel Schuz gewäret ſie dem Manne gegen den, der ſich in keine *Hode* [11] einſchreiben ließ, und alſo das Unglük hatte Biesterfrei zu werden!

Und ſo war der Herr eher als der Unterthan. Soll ich erſt erzählen, wie der Leibeigene in der Lauſiz entſtand, erſt malen die Szenen, wo Feuer und Schwert die Religion verkündigen muſten, und die langvertheidigte Freiheit der Nazion ward Sklaverei und der Knechte Lohn war ihr Leben.

Man erfand für ſie ein Sklaviſches Recht [12], das aber im Grunde nichts weiter enthält, als daſs ihre Dienſte und Schuldigkeiten Slaviſche Namen haben.

Der freie Bauer aber war teutſchen Urſprungs, nur nicht erblicher Beſizer ſeines Landes.

10) Patriot. Phantaſien. II. S. 186.
11) So im Franzöſiſchen *Coterie* im juriſtiſchen Sinne.
12) Der Ausdruk *ius Slavicum* findet ſich in vielen Urkunden. z. E. bei *Gerken* Cod. Dipl. Brandenb. VII. p. 115. ſq.

des. So ift der Dänifche Bauer, als Germanifchen Urfprungs — denn das Wort *Teutfch* möchte die Dänen beleidigen 13), frei, und wenn er eigen ward, ward er es in neuern Zeiten. Aber feine Befizungen hat er nur nach ächtteutfchen Grundfäzen, als Lehn, oder als Niefsbrauch auf Lebenszeit 14). Auch in Florenz ift keine Leibeigenfchaft, fondern der Bauer ift Pachter, alfo nicht Landeigner 15). Neuere Zeiten mochten die wenigen erblichen Befizungen eingeführt haben.

Als die Angeln nach Britannien kamen, führten fie auch dafelbft die Teutfche Eigenfchaft ein, und von ihnen fchreiben fich gröftentheils die Dienfte und Abgaben her, die man noch im 14ten Jarhundert antrift. Zur Zeit *Wilhelms des Eroberers* findet man ohne die Freien dreierlei Landleute, welche *Villains*, *Bordarers* und *Sklaves* hiessen, die ihr Land ohne Erlaubnifs des Grund-Herren nicht verkaufen durften, wovon fich aber eine Ausnahme

---

13) f. *Folkers* Röft om Tydfkerne. Kiöbenh. 789- 8.
14) Freiheitsgefchichte von Dänemark — im Neuen Deutfchen Mufeum. 1791, 3. St. S. 241. ff.
15) *Schlözers* Staatsanzeigen. 8. St. S. 437.

nahme in *Hawſtet* findet ¹⁶) und deren Dienſte
verſchieden waren. Noch im 14ten Jarhunderte gab es in England eigne Leute, welche
natiui, naifs genannt werden. So werden an
einem Orte zween Natiui aufgeführet und ihre
Arbeit beſtimt ¹⁷), und im Regiſter der Abtei
Wellingsborough kommen auf einmal 36 *Natiui operarii* oder *Werkmen* vor. In dieſem
wichtigen Regiſter findet man auch unſre Koſſaten, *Cotſetten*; man findet Hand und Spanndienſte, Hüner, Schweine, Bier und andre Zinſen, ſo gut wie in Teutſchland, und wenn
man nun folgende Abgaben höret, welche die
Cotſetten, Acremen, Molmen, Sokemen ¹⁸),
ſo

16) Topogr. Britann. n. 23, p. 79.
17) Ebend. S. 94.
18) Dieſe *Sokemen* werden ausdrüklich von den
alten Geſchichtſchreibern und Rechtsgelehrten
glebae adſcripti genant; ſ. *Grupen* v. d. teutſchen
Frau. S. 14. S. übrigens *Rapin* Geſchichte von
England. I. S. 465. Den Unterſchied dieſer engliſchen nicht freien Leute aus einander zu ſezen
würde zu weitläuftig fallen, und noch mehr
fodern, daſs ich die verſchiedenen Benennungen
und Klaſſen der ehemaligen Teutſchen Leibeigenen genauer anzeigte, als: Barſchalk, Sindmann,
Hengiſtfutra, Manſionarius, Scararius, Haiſtald,

Ba-

B

so gut wie die Naifs geben mußten, als *Wodenvage*, *Longavage*, *Lodesilver*, *Folesane*, *Sokna*, *Swynawes*, *Tolecestr*, *Lyrewik*, *Gersuma*, *Taillage*, und die Arbeiten *falcaciones autumnales*, *Bedrip primae et secundae*, *Lovebone*, *Sarclacionis* 19), klingt dieses viel anders, als wenn man in unsern Urkunden, unter dem Polnischen oder Slawischen Rechte, folgende Benennungen antrift, poradlne strozo, powoz, przewod, pobrowinci, psare, stan, u. s. w. 20). Und so muste fast jeder kleine Landmann dem Landeigner Dienste thun 21). Die gebo-

Bacho, u. s. f. die gröstentheils ihre Namen von ihrer Beschäftigung erhielten. In den mitlern Zeiten werden sie gewöhnlich alle zusammen *arme Leute* genant: In einer Urkunde von 1400, in Monum. Boicis. II. p. 102. *Arme Leut und Hindernuß*.

19) Topogr. Britann. l. c. P. 79. 80.

20) S. *Böhmens* diplomat. Beiträge zu den Schles. Rechten S. 144. *Gerken* in Cod. Dipl. VII p. 117. hält die Behandlung der Slawen für hart, aber sie war nicht härter, als bei den teutschen Leuten, nur die Namen sind es: Wir finden bei den Teutschen das nämliche, z. E. *hostilicium*, *Nachtselde*, *Wachta*, *Angaria*, *Corvada*, *Scara*, u. s. f.

21) Topogr. Britann. 23. S. 91.

gebornen Unterthanen verloren ſich, ihre Ländereien fielen an den Herrn zurück, und Dienſte und Abgaben hörten mit der neuen Verleihung auf, oder verwandelten ſich in andre Präſtanden. Aber noch iſt der Engliſche Landmann nicht Landeigner, ſondern nur Pachter auf beſtimte Zeit und das Eigenthum bleibt ſtets den Landlords. Iſt wohl der kleine Engliſche Pachter oder auch der unſern Bauern ſo ähnliche *Copyholder* jezt beſſer daran, als ſein Vorfahr der *poor landholder* oder jezige Teutſche Bauer? Wie vielerlei ſind ſeine jezigen Abgaben, und wie viel beträgt nicht in manchem Kirchſpiele nur die Armenſteuer (*poor rate*) 22), und wie ſehr wird er jezt gedrükt, da man den unglüklichen Gedanken faſst, die kleinern Pachtungen in gröſſere zu vereinen 23). Dieſs ſei genug zu zeigen, daſs der Teutſche Landmann nie Landeigner war, er mochte Teutſchen Urſprungs, das heiſt frei, oder fremden, das heiſt eigen ſein.

22) Man ſehe davon *Youngs* Annals of Agriculture, an unzähligen Orten.

23) Daher hat auch ein ſolcher Copyholder noch jezt keine Stimme bei Wahlen, und andern Angelegenheiten; ſ. *Rapin* a. a. O.

Ich kehre zum Algemeinen zurük.

Diefe Leibeignen wurden zum Theil von ihren Herren ausgefezet, erhielten eigene dem Herrn gehörende Wohnungen und Haushaltungen, mußten trokne und Blutzinfen, Gefpinfte oder Getreide dafür liefern, und waren dem Herren fo eigen, dafs fie derfelbe ungeftraft tödten konte, — ungeftraft wie einen Feind fezt *Tacitus* dazu — und zeigt damit an, dafs ihr Zuftand nicht vom Staate, der ihr Dafein ignorirte, fondern von dem Herrn, unter deffen Mundburd fie ftanden, abhinge. Denn fie hatten kein perfönliches Recht, keine Stimme im Staate, fondern wurden als eine *Sache* angefehen. Unter fie theilte der Herr fein Feld, nicht erblich, fondern zu järlich wieder vorzunehmenden Theilung, und der vorjärige Aker blieb Braache 24) zur Hütung des herrfchaftlichen Viehes, das Speife und Trank dem Herrn verfchafte. Wiefen und Gärten und Obft waren unbekant. Ein andrer Theil, worunter auch Weib und Kinder des Anfiedlers gehörten, be-

---

24) Im Kölnifchen fcheinet mir diefe urfprüngliche Sitte, allemal über das andre Jar das Feld Braache liegen zu laffen, noch zu exiftiren. S. Materialien zur geift. u. weltl. Statiftik. II. p. 90.

beforgten die Hausangelegenheiten des Herrn, welche das damalige Bedürfnis erforderte; vorzüglich muſten die Weiber ſpinnen und weben. Daher finden wir in den ſpätern Jarhunderten auf den Höfen des hohen und niedern Adels, und nicht in den uſurpirenden Städten [25] alle Profeſſionen, die man zum Luxus und zum Lebensunterhalte damals bedurfte, von Leibeignen beſorgt. Dieſes ift die älteſte und lehrreichſte Nachricht von dem Zuſtande unſrer eignen Leute vor ſiebenzehnhundert und mehrern Jaren. So ſchilderte ihre Lage Tacitus [26] und folgende Jarhunderte, ſelbſt noch das Unſrige beweiſen, daſs er Wahrheit ſchilderte. Solten wir nicht aus ihr folgende Säze abſtrahiren, ſie als die Grundlage des Verhältniſſes zwiſchen Herrſchaften und Unterthanen betrachten können? Nicht aus ihr lernen

1) Daſs

[25] Im Jar 1120. ſoll man ſchon freie Handwerker finden; ſ. *Crome's* Abbandlungen aus dem Handlungsgebiet S. 279. Allein die angeführten Beiſpiele ſcheinen nicht hinreichend zu ſein, indem es wahrſcheinlich Profeſſioniſten waren, die mit Erlaubnis ihrer Herrn für andere arbeiten durften, wovon ich weiter unten reden werde.

[26] Cap. 25.

1) Daſs der Bauer in Teutſchland ganz leibeigen war, im vollen Sinne, mit dem der Herr als Fürſt der Familie ſchalten durfte wie er wolte, dem er das Leben laſſen, dem er es rauben konte.

2) Daſs ſie nur ihre Güter, ſo lang der Herr wolte, und als Laſsnahrungen beſaſſen.

3) Daſs ſie alles, was ſie zur Haushaltung und zum Akerbau bedurften, von dem Herrn erhielten. [27] Denn ohne ihn konten ſie nichts haben; daher werden noch an manchen Orten die Bauergüter mit allen ausgeſezt; daher ſchaft bei unſern Laſsgütern der Herr alles an, dem auch alles gehört; daher muſs bei unſern Bauergütern alles zum Beilaſs bleiben, wenn ſie in eine andre Hand gehen, was zur Hofarbeit gehört.

4) Daſs ſie dafür Abgaben an Getreide, Vieh, an Leinwand [28] und Geſpinſte geben müſſen.

5) Daſs

[27] Man findet in den mitlern Zeiten genug Beiſpiele, was einer erhielt, wenn er ſich anbaute. S. *Müllers* Geſchichte der Schweizeriſchen Eidgenoſſenſchaft. 1 Th. S. 258.

[28] Dieſes ſind ſicher die *Veſtes*, von denen Tacitus redet. S. *Gebauer* veſtigia Iur. Germ. p. 406.

5) Daſs der Herr alſo die volle Herrlich‍keit über das Feld des Bauern behielt, und dieſer nichts thun konte, als akern, ſäen und ärnten.

6) Daſs das Feld im andern Jare als Braache zur Hutung muſte liegen gelaſſen werden.

Dieſes war aus mehrern Gründen nothwendig. Das mehreſte Feld mochte Rodeland ſein, oder man brante vielleicht ganze Waldungen ab — eine Methode, von der man mit Recht zu behaupten glaubet, daſs ihr Schweden ſeinen Namen verdanke, und von der faſt alle unſre Waldungen in der Oberlauſiz unverkennbare Spuren liefern [29] — Man brante ſie ab, um die nun ſo gedüngte Erde zu beſäen, und dann der Zeit die Wiederbeholzung zu überlaſſen. Unvollkommen war die Kunſt zu düngen, oder exiſtirte im Grunde gar nicht, und ſo konte man den kalten oder naſſen vaterländiſchen Boden nicht mehrere Jare hintereinander bearbeiten, und um ſo weniger, da man

---

[29] Im Kleinen thut man es noch in der Gegend des Schwarzwaldes, wo man mit Haufen von geſpaltenem Tannenholz, und in Steiermark, wo man mit ausgerodetem und dürr gemachtem Laubholze, wenn man beides verbrant hat, düngt. S. *Gerkens* Reiſen, I, 291.

man nicht mit den Früchten abwechfelte, fondern gewöhnlich nichts als Hafer bauete [30]. — Denn wie hätte Teutfchlands Klima damals Winterfrüchte getragen? Daher mochte es wohl auch kommen, dafs noch im dreizehnten und vierzehnten Jarhunderte die eigenen Leute in England in *Suffolk* vorzüglich Habermehl bekamen [31]. Hutung mufte man auch haben, da man die Kunft Wiefen anzulegen nicht verftand, und die Waldhutung nicht ftets zu benuzen war.

Und fo entftand das Recht der Herrfchaften, die Ruftikalgründe zu behüten, wenn es anders ein Recht oder Vergünftigung oder was mehr genant werden darf, was ich auf meinem eigenften Eigenthume, wie das Bauerfeld war und noch ift, vornehme oder mir vorbehalte. Und fo entftand das Recht der Unterthanen ihr Vieh zur herrfchaftlichen Heerde zuzutreiben, denn auch die Kuh und das Pferd war des Herrn, der ihm den Niefsbrauch davon verlieh, bis in folgenden Zeiten die Herrfchaften ihren Leuten Gemeinhutungen einräumten,

auf

---

[30] *Plinii* Hiftor. Natural. XVIII, 44.
[31] Topographia Britann. n. 23. p. 184.

auf denen ſie ſich ſelbſt die Koppelhutung behielten.

7) Daſs die Uebrigen, welche nicht angeſiedelt wurden, zu Hofe dienen, und alle Arbeiten daſelbſt und für den Herrn verrichten muſten. Sie wurden *Geſinde* (*Gaſindi*) auch *Hofejungen* genannt; und waren dem Herrn das, was den mächtigern Edeln das *Gefolge*, in neuern Zeiten der *Miniſterial* war.

8) Daſs hier der Urſprung des Spinnens zu Hofe zu ſuchen ſei, welches Weiberdienſte ſind, und zur Rekompenſazion eintraten, als man das Weib von dem genauern Dienſte entband, und dem Manne überlieſs.

§. 2.

Auf dieſe Art mochte vielleicht Jarhunderte hindurch dieſe Verfaſſung bleiben, bis wir in den älteſten teutſchen Geſezbüchern mancherlei Verordnungen und Verfügungen antreffen, welche die Leibeignen und ihre Lage zum Staate angehen. Alle dieſe Geſezbücher, vorzüglich bis auf den groſen Karl, führen durchaus den Saz durch: Der altfreie teutſche Mann beſchäftiget ſich nur mit Landesangelegenheiten, mit Krieg und Jagd, er iſt Landeigner, ſeine Hausangelegenheiten werden wie vorher den Weibern überlaffen, die entweder in eignen Weiberhäufern auf den Höfen beifammen wohnten [1] oder bei ihren Männern zu Haufe für die Herrfchaften weben und würken muften [2]. Der Feldbau aber bleibet in den Händen der Leibeignen als knechtifche Arbeit (*Opus fervile*). Daher verordnete das Allmanifche Gefez, dafs der Freie, der am Sonntage eine knechtifche Arbeit (*Operam fervilem*) thun würde, als Ochfen kuppeln, an den Wagen fpannen und fahren, den Handochfen verlieren folle, wenn er aber ein anders (*Opus fervile*) vornähme, als Zäume beffern, Gras mähen, oder Getreide fchneiden und einführen, fo foll er ein- oder zweimal beftraft werden, und wenn er fich nicht beffere, Funfzig Streiche bekommen [3], das heift, er foll ganz knechtifch behandelt werden.

Der Landeigner kümmerte fich gar nicht um die Wirtfchaft, fondern befezte feine Lände-

---

[1] S. z. E. Caroli M. Capit. de Villis in *Eccard* de Reb. Franc. Oriental. p. 914, wo fich 24 Weiber befanden.

[2] S. ebendaf. Ferner *Leibniz* Collectan. Etymol. p. 435. fo auch das Regiftrum Prumienfe und Caefarinum dafelbft.

[3] Lex Allamannor. Tit. XIV.

dereien nach Wilkühr mit feinen Leibeignen.
Feldraine erleichterten die Theilung, fagt
fchon *Tacitus* 4) und jezt, da fie ganz fefte Si-
ze der Landeigner gebildet hatten, jezt da fie,
vorzüglich unter den Karolingern, anfingen
ihre Alloden, um gewiffer Vortheile willen,
den Fürften zu Lehn aufzutragen 5), jezt, da
man anfing dem Reichthum nicht allein im
Vieh, fondern auch in urbaren Feldern, und
in der Menfchenmenge, die fie beforgte, zu
finden, jezt, da fchon mancher Anfiedler nach
Eigenthum ftreben mochte, jezt fing die einmal gemachte Eintheilung an feft zu bleiben,
und was nun einer Wohnung zugetheilet war
wurde nicht mehr derfelben entfremdet. Noch
reichte aber die Menfchenmenge nicht zu, um
alles zu vertheilen, oder vielmehr der Herr
hielt zu viel Hofgefinde, die er nicht bethei-
len wolte, oder es waren andre Gründe da,
welche die gänzliche Auszezung aller Ländereien widerriethen, daher behielten fich die
Landeigner ganze Striche Landes ausfchlüfs-
lich

4) l. c.
5) S. *Bertram* von den Vorzügen der Vafallen bei
den Franken, — in *Zeperniks* Samlungen zu dem
Lehnrechte. II. S. 46.

lich vor, die man *Saalgüter, Dominien (Terras salicas, indominicatas)* nannte, von denen sie die Nuzungen zogen, und die ihnen durch die Eigenbehörigen bestelt werden musten. Diese Dienste wurden, weil sie dem Herren geschahen, *Frohnen* 6) genant, und es ward fest gesezt ob die Arbeit ganz umsonst ge-

6) *Frohn* heisset der *Herr*, und nicht *heilig*, im Angelsächs. *Frohe.* Daher, *Fronegewalt, Fronbose, Fronveste, Fronleichnam. Adelungs* Ableitung im krit. Wörterbuche II. S. 512. ist also nicht richtig, da zumal die angeführten Beispiele meine Erklärung gelten lassen, indem *vronen* so viel heist als indominicare. Man erklärte nicht das Wort *ohne* durch *absus*, sondern wenn ein *mansus absus*, das heißt, *non vestitus* war, so fiel er in die *Fronegewalt* zurük: z. E. die Stelle, die Herr *Adelung*, und *Scherz* Glossar. I. p. 434 anführt, mansi absi sunt, qui non habent custores, sed dominus eos habet in sua potestate, qui vulgariter appellantur *wroinde*, das heist, *mansi indominicati*. Auf eine sehr natürliche Art verband man damit später die Nebenbedeutung *heilig*, aber in Rüksicht der Unterthanendienste kan doch wohl nur die ursprüngliche angenommen werden, und selbst manche Stelle, die *Scherz* anführet, kan immer noch durch *Herr* erkläret werden, ehe man zu dem Nebenbegriffe seine Zuflucht nimt.

gefchehen, oder eine Vergütung dafür erfolgen
folle, welches alles von dem einzelnen Herren
und nicht vom ganzen Staate eingerichtet
ward. Die Jagd ward dem Bauer nie, die
Waldung felten überlaffen, und noch behielt
fich der Herr die fruchttragenden Bäume
(*arbores fructiferas*) bevor, worunter ausdrüklich Tannen, Eichen und Linden verftanden
werden 7). Und fo ward der Bauer Befizer der
Oberfläche, und hatte den Niefsbrauch von
dem Felde, das ihm oder feinen Vorfahren der
Herr zugetheilt hatte 8). Die alten Verbindlichkeiten blieben in Anfehung der Perfon des
Landmannes, und in Anfehung feiner Befizung.
Der

7) Noch gehören in Lauenburg, in Unterthanen
Wäldern, Eichen, Buchen und Tannen der
Herrfchaft, das übrige den Bauern. S. *Bekmanns*
Beiträge VIII. S. 249.

8) Aber nicht den Niefsbrauch, den das wilde
Pfropfreis aus Rom unferm gefunden Stamme
trug, fondern jenen Teutfchen, den die Barbarei der Doktoren *dominium vtile* nante, und der
fehr verfchieden fein kan, je nachdem der Herr,
oder die *manus dominans* ihn urfprünglich beftim-
te. Man nenne ihn *teutfchen Niefsbrauch* oder
Untereigenthum, die volle oder höhere Gewalt
war des Herrn, und ift es noch.

Der Bauer muſs dem Herrn mit ſeiner Hand, ſeinem Vieh, ſeinem Erwerbe dienen, der Herr ſorget für ihn, und das Leben iſt ſein Lohn. Sein Recht an ſeinem Gute gehet nicht weiter als ſein Pflug tief greifet, was darunter iſt gehöret dem Herrn, daher kann er nicht Lehm oder Steine graben, nicht Holz hauen noch Stöcke roden, welches ſpäterhin nur der wahre ächtteutſche Erbzinsmann und kein andrer Cenſite thun konte [9], daher iſt er in jeder Handlung eingeſchränket, wie ich hernach zeigen werde. Allein er beſaſs ſein Gut nicht erblich, und nach ſeinem Tode hatten ſeine Kinder nichts zu fordern, und der Herr beſezte das Gut mit wem er wolte [10], eben ſo wie die Lehne anheim fielen.

Die Bedürfniſse ſtiegen mit der mehrern Verfeinerung: glükliche Kriege mit denen durch Kultur und Luxus geſunkenen Nazionen hatten geſchikte Sklaven geliefert, denen man nicht

---

9) Sachſenſpiegel. I. 54.
10) Daher iſt der Fall merkwürdig, daſs im Jar 983 der Biſchof von Kollanz an einem Orte die von ihm angeſezten Leute erblich machte; es geſchah aber, weil ſie weder Aecker noch Wieſen hatten. S. Hiſtor. Nigrae Sylvae. III. pag. 14.

nicht Feldarbeit und Frohnen, fondern feinere
Verrichtungen auflegen mufte, daher machten
die alten Gefezbücher eine uns vielleicht auf-
fallende Zufammenftellung diefer eigenen Leute. So nent zum Beifpiel das Salifche Gefez
zugleich den *Hausvoigt*, *Marfchall*, *Schmidt*,
Goldfchmidt, *Zimmermann*, *Winzer*, *Schwein-
hirten*, *Müller* [11]; ihr Wehrgeld war fich
gleich 70 Schillinge, ohne die Buffe und Wette, wenn einer erfchlagen ward. So werden
im Burgundifchen Gefez *Akersleute*, *Schwein-
hirten*, *Goldfchmidte*, *Silber-Arbeiter*, *Ei-
fenfchmidte*, *Zimmerleute* [12], und an einem
andern Orte *Kupfer-Schmidte*, *Schufter und
Schneider* genant [13]. Aber hier war das Wehrgeld fehr verfchieden, der Goldfchmidt galt
150, der Silberfchmidt 100, der Eifenfchmidt
50, der Zimmermann 40, der Akermann und
Schweinhirte 30 Schillinge. Im *Allmanifchen*
Gefeze folgen fie in folgender Ordnung:
Schweinhirte, *Schäfer*, *Senefchal*, *Marfchal*,
Koch,

11) Pactus Leg. Sal. Tit. XI. In Lege Sal. Reform.
T. XI. wird noch venator aut quicunque artifex
dazugethan.
12) Tit. X.
13) Ib. Tit. XXI.

Koch, *Beker*, *Goldschmidt*, *Schwertfeger*, von denen jeder vierzig Schillinge galt [14]).

§. 3.

Diese Leibeignen hatten also entweder eigene Häuser und Ländereien, und hiefsen daher *Kossäten* (*servi casati*) [1]): und ihr Besizthum ward beseztes Gut (*mansus vestitus*) genant [2]): oder sie waren nicht angesessen, sondern wohnten in herrschaftlichen Häusern beisammen, und hiessen daher *non casati*. Eigentlich aber wurden sie die Familie, das Gesinde genant (*Familia*, *Gasindi*) [3]).

Aufser

---

[14]) T. LXXIX.

[1]) Man braucht es nicht von *casa*, das Haus, abzuleiten, denn das Wort findet sich fast in allen Sprachen. Im Angelsächs. *Cot*, im Teutschen *Kot*. Daher trift man noch in mitlern Zeiten in England Cotsaten, so wie jezt fortdauernd in einem Theile Teutschlandes *Kossäten* an. S. übrigens *Adelungs* krit. Wörterbuch. II. dieses Wort.

[2]) Dafür heissen die wüsten oder unbesezten Güter mansi abti.

[3]) Auch unter ihnen gab es unbesezte, *absa mancipia*, das ist, solche, die ausser dieser Gemeinschaft wohnten. Z. E. in Registro Prumiensi. p. 477.

Aufser diefen beiden Klaffen von eignen Leuten, die nun nicht mehr Knechte (ſerui), ſondern ſchon in den Kapitularien *Mancipia* heiſſen, kommen noch andere Eigene vor, die unter dieſe Dienſtpflichtige gehören, z. E. *Hofsjungen* (hoveriungeren) die von einer Eigenen geboren zeitlebens dienen, und dafür Eſſen und Kleidung erhalten 4).. Ferner fremde eigne Knechte und Mägde, die an dem Orte des Aufenthalts gewiſſe Dienſte und Abgaben leiſten muſten 5). In König *Rotbars* Geſezen hatte jede Sklavenſorte ihren Meiſter, unter dem die andern als Geſellen arbeiten muſten 6). Dieſe Meiſter, oder in der vulgären Sprache *Moſſarii*, konten von ihren Gute einen Ochſen, Kuh oder Pferd auf die Hälfte Nuzens geben

p. 477. abſae foeminae ex noſtra familia ſiue infra poteſtatem noſtram ſint, ſiue extraneae. In Rothars und andern Geſezen heiſſen dieſe Geſinde *Aldiones*, — jezt in Ober-Teutſchland, *Ehrhalten*.

4) Caeſarinus ad Regiſtr. Prumienſe. p. 464.
5) Regiſtrum Prumienſe. p. 472.
6) Magiſtri et diſcipuli. S. *Georgiſch* Corp. Iur. German. p. 962. *Cunciani* Leges Barbaror. T. II. p. 72.

geben oder nehmen 7), aber nicht verkaufen, aufser zum Nuzen ihres Hofes, damit dieser nicht eingehe 8). Auch konten fie ihr Haus nicht verpfänden 9). Diefe Verordnungen und alle andre Gefeze und Urkunden beweifen alfo, dafs folche angefiedelte Leute nur Lafsnahrungen hatten, welche ihnen von ihren Herren wieder genommen werden konten und auch nach ihrem Tode an diefelben zurükfielen. Sie scheinen dadurch nothwendig geworden zu fein, weil diefe Anfiedler an mehrern Orten erbliches Eigenthum zu erlangen gefucht haben mochten.

Aber fie waren an ihren Herrn gebunden, und hätten nichts eignes, fondern alles gehörte dem Herrn, der ihnen alles gab, daher konten fie nichts verkaufen, nichts verpfänden, aber fie felbft konten für ihre Perfon mit Weib und Kindern verfchenket, vertaufchet und verpfändet werden.

Da nun in diefer Periode jede Arbeit für die Knechte gehörte, Künftler, Handwerker
und

---

7) So erklären wenigftens die Gloffarien das *dare in focium*.
8) Ib. *Georgifch* p. 990. *Canciani* p. 83.
9) *Georgifch* p. 990. *Canciani* p. 83.

und Bauren nur eine Klaſſe von Menſchen ausmachten, da ſie nur für ihre Herren arbeiten, nichts für ſich erübrigen konten, ſondern ihr fortdaurendes Leben und ihr Unterhalt — der entweder fixirt, wie bei den Koſſäten, oder nicht fixirt war, wie bei dem Geſinde oder den Aldionen — blos von den Herren abhing, ſo waren vielleicht dieſe Leute ſchlimm daran. Oder waren es die Herren nicht auch, ſie, die bei jeder Hungersnoth, die in dieſen Polizeiloſen Zeiten, und bei der fehlerhaften Bewirtſchaftung faſt alle funf Jare periodiſch wütete, ihre Leute entweder unterhalten oder dem Hungertode überlaſſen muſten [10]?

Daher geſchah es wohl, daſs bald an manchen Orten die Arbeiten der Koſſäten und andrer eignen Leute feſtgeſezet und nebſt ihren Abgaben genau beſtimmt wurden. Aus ihnen, die man Regiſter nante, entſtanden hernach die

---

[10] Doch verbot ſog. Karl der Groſſe wegen der damaligen Theurung die Ausfuhr des Getreides aus dem Reiche und verlangte, daſs jeder ſeinen Leuten, ſo gut er könne, helfen, und ja nicht zu theuer verkaufen ſolle. S. *Georgiſch* Corp. Iur. Germ. Ant. p. 695. *Baluzii* Capitular. ed. de Chiniac. T. I, p. 427.

die Urbarien [11]). Zuerſt führten die Klöſter gemeſſene Dienſte ein, und ſo wuſten beide Theile, was ſie zu fordern und zu leiſten hatten, woher auch das Sprüchwort, unter dem Krummſtab iſt gut wohnen, ſeinen Urſprung erhielt [12]).

So milde aber die Geiſtlichen hierinnen handelten, ſo wenig wichen ſie von dem Rechte auf die Perſon ihrer Leibeignen, und eben ſo wenig von dem Rechte auf ihre Güter ab. Man fing an, den Knechten als ein gottesdienſtliches Werk die Freiheit zu ſchenken, nur die Mönche hielten es nicht für ſchicklich, daſs ihre Knechte frei gelaſſen würden, daher den

---

[11]) Karl der Groſſe war der erſte, der ein Inventarium (de rebus fiſcalinis) fertigen lieſs; S. Eckard de rebus Franciae Orientalis II. p. 508. und er gab die erſte Inſtruktion den Verwaltern ſeiner Domänen (Capitulare de villis ſuis), in denen beiden vieles von den Dienſten vorkomt. S. Georgiſch p. 607. Jahrhunderte nach ihm lieſs der *vierte Karl* ein ſolches Handbuch von der Mark Brandenburg fertigen, welches der Graf *von Herzberg* 1781 zu Berlin herausgab.

[12]) Man bemerkte es auch in England in den mittlern Zeiten, daſs die Aebte mildere und nachſichtigere Herren als die andern Landlords waren. S. Topograph. Britann. n. 23. p. 90.

den Aebten diefe Freilaffung fchlechterdings unterfagt ward [13]). Im Baierifchen Gefeze [14]) befindet fich eine lange Verordnung über die Dienfte der Knechte bei den Kirchen; in derfelben ift der Zehende von den Früchten, von Flachs und Honig feftgefezet, desgleichen die Abgabe von Hünern, Eiern, die zu leiftenden Fuhren, fäen, ackern, einfahren, mädern, miften, und dergleichen. Diefe Arbeit gefchichet wöchentlich in drei Tagen: die übrigen gehören dem Anfiedler. Wenn ihm aber der Herr Ochfen und andre Sachen zu feiner Wirtfchaft gab, fo mufte er fo viel leiften, als möglich war [15]). Man bemerkt hier den Unterfchied zwifchen Gütern, wo der Herr alles unterhalten mufte, und folchen, wo dem Befizer Vieh und Gefchirr gehörte. Vielleicht kan

---

[13] Concil. Agath. a. 506. Schmidts Gefchichte der Teutfchen. I. S. 319.

[14] Tit. I. c. 14.

[15] Weiterhin heiffet die Rechtsregel: der Bauer dienet, wie er beftant ift. S. *Lauhn* von den Frohndienften. S. 3. *Thomas* Syftem der Fuldifchen Privatrechte. I. S. 340. Denn er erhielt urfprünglich fein Vieh vom Herrn; fo wie er nun von demfelben einmal befpannt werden ift, fo viel mufs er zu H. fe bringen.

kan man auch hier die Spur finden, daſs es alte Gewohnheit sei, wenn an den mehreſten Orten die Bauern drei Tage Spanndienſte haben 16).

Auch fing man an, so wie man den Ackersleuten einige freie Tage gönte, den Handwerksleibeigenen nachzulaſſen, für andre Leute zu arbeiten. Da aber dadurch Betrügereien entſtanden, indem bald der Knecht etwas unterſchlagen, bald der Herr vielleicht ſich ihrer zuverarbeitenden Sachen bemächtigen mochte, so ward im Burgundiſchen Geſeze 17) verordnet, daſs wenn ein Herr seinen Gold, Silber, Eiſen und Kupferarbeitern, Schuſtern und Schneidern erlaube, öffentlich ihr Gewerbe zu treiben, und irgend einer etwas davon unterſchlagen habe,

16) Dieſe drei Tage Dienſte kommen ſchon in ältern Zeiten häufig vor. Z. E. in *Stefanswerth* in der Notitia de Rebus Fiſcalin. Caroli M. ap. *Eccard* l. c. II. p. 906. Ferner Regiſtr. Prumienſe. p. 420. in *Leibniz* Collectan. Etymol. P. II. S. auch Codex Laurishamenſ. II. 19. Weniger oder mehr Tage ſcheinen Ausname von der Regel zu ſein, denn drei Tage mit dem Zuge dienen — iſt gleich täglichen Handdienſten.

17) Tit. XXI.

habe, so soll derselbe entweder davor stehen oder seinen Knecht dem Kläger überlassen 18).

§. 4.

Da nun diese Einrichtung unter Herren und Knechten sich so weit gebildet hatte, dafs sie eine Norm ausmachte; da nun Dienste und Gaben bestimt waren, und das einmal festgesezte Land festgesezt blieb: so änderte sich freilich manches mit ab, die Leute, welche zuvor nur dem Herrn gehörten, wurden nunmehr zum Lande geschlagen (*glebae adscripti*) und hingen von diesem ab, aber nicht das Land von ihnen. Dieses geschah vorzüglich, als man ihnen den lebenslangen Besiz ihrer Güter zusicherte. Dadurch hörte das Versezen oder Abbauern der Leute auf, und schon sah 1170 der Abt *Werner* in *Mormünster* sich genöthiget, einige seiner Leute auszukaufen, die ihm zu nah wohnten, ehe er die andern bewegen konte, sich zu fügen,

---

18) Diese Sitte ist ursprünglich Teutsch; eine Sache, die ich in meinen Geweren habe, wenn sie Schaden thut, entweder zu extradiren, oder zu vertreten, welches vom Leibeigenen Menschen, wie von der Henne, die dem Nachbar seinen Saamen ausscharret, gilt.

gen, und einen andern Plaz von ihm anzunehmen, wofür er ihnen auch das Erbrecht an diesen neuen Grundstücken verlieh ¹).

Jeder konte nun für sich etwas verdienen und samlen, aber alle andre alte Verbindlichkeiten blieben, und nur der Niesbrauch des Landes war sein; daher hatte nicht er, sondern sein Herr, die Freiheit seine Felder zu behüten. Aber hier entstanden, um die angesessenen Leute zu entschädigen, da sie nun eignes Vieh hielten, die Gemeinhutungen. Man findet sie schon zeitig an allen Orten, wo das Zutreiben abgeschaft worden war ²). Diese Gemeinhutung gehörte eigenthümlich dem Herrn ³), der sie nicht einzeln vertheilte, sondern dem Ganzen überliess, und auch sein Vieh auf dieselbe trieb. Diess ist der Grund, warum noch jezt den Herr-

---

1) Histor. Nigrae sylvae. III. p. 106.
2) Z. E. Lex Sal. Burgund. in *Georgisch* p. 49. 368. Aber hier ist nicht von der Hutung der eigenen Leute, sondern von den herrschaftlichen die Rede; doch trieben die Leute zu.
3) Daher sagt das Registrum Prumiense p. 420. dass alle Inwohner Hofedienste thun müsten: *quia communionem habent in pascuis et aquis nostris.* Das heisst, weil sie an unsrer Gemeinhutung und Aue Antheil haben.

Herrschaften an den mehresten Orten, wo sie sich nicht ihres Rechtes ausdrüklich begaben, diese Pläze gehören, und sie aufser der Hutung sich alles, was Nuzen abwerfen kan, anmafsen können. Diese Gemeinhutung ward so nöthig gehalten, dafs selbst der Sachsenspiegel ein eignes Gesez hat, kraft defsen Niemand (der nicht drei Hufen hat) sein Vieh zu Haufe behalten oder einem eignen Hirten übergeben darf, sondern zutreiben mufs 4).

Zu dieser Gemeinhutung gehört auch die Aue. *Schottel* 5) hat zwar richtig geurtheilet, dafs die Aue den Herrschaften gehöre, aber ihre Erklärung ist falsch. Aue heifst auf jeziges Teutsch ein Wafferort.6). Da nun die ersten Dörfer alle ans Waffer gebaut wurden, so blieb der nahe Plaz an demselben unbebaut. Aber nicht die Landleute sezten ihn etwan gemeinschaftlich aus oder liefsen ihn gemeinschaftlich liegen, sondern der Herr, der ihnen um densel-

---

4) L. II. 54. So auch der Schwabenspiegel Art. 208. Ed. *Schilteri* p. 223. so auch die Geraer Statuten 1482. in *Walchs* Beiträgen. II. 94. u. dergl.

5) Von unterschiedlichen Rechten in Teutschland. S. 331.

6) *Ach*, das Waffer, *aqua*, franz. *eau*, im Dän. *aae*.

felben die Wohnungen anwies, liefs ihn übrig, weil er gewöhnlich nicht bebauet werden konte, oder als Wafferbehälter dienen mufte, oder den Ueberfchwemmungen ausgefezt war. Eigenthümlich ward er Niemanden, weder der ganzen Gemeinde, noch einzelnen Gliedern übergeben, und wenn eine Gemeinde ihre Aue in Anfpruch nehmen will, fo mufs fie beweifen, dafs fie ihr eigenthümlich gehöre. Daher kan die Herrfchaft nicht allein, was unter der Erde ift benuzen, fondern auch die Oberfläche ausfezen 7). Daher nent fie das Regifter *von Prüm unfre Aue* 8). Dafs aber Aue, Viehbig, Gemeinhutung der Herrfchaft gehören, zeigt fich noch zum Ueberflufse daraus, weil fich auf einem von ihnen die Gerichtsftäte befindet; nun hat aber der Herr und nicht die Gemeine die Ge-

7) In manchen Ländern, wo zeitig über die Aue Streit entftand, ward in den Landesordnungen darüber feftgefezet. Z. E. In der Oelsnitzfchen Landesordnung von 1617 — „Soll und mag der Erb- oder Pfandesherr des Dorfes, verbauen, verkaufen oder fonft zu feiner Nuzung anwenden." Und fo, wie es auch die Natur der Sache mit fich bringet, ift es beftändig auch in der Laufiz gewefen.

8) S. a. a. O.

Gerichte, wie käme der Gerichtsplaz an einen Ort, der nicht sein Eigenthum wäre?

So ward dieses Verhältnifs immer mehr ausgebildet, und fast überall wurden die ungemessenen Dienste in gemessene verwandelt, fast überall ward die Kondizion besser, wenn sie auch Leibeigen blieben.

§. 5.

Diese fortdauernde Leibeigenschaft betraf zum Theil sie selbst, zum Theil ihre Besizungen; in Rüksicht dieser war nur dasjenige ihr Eigenthum, was ihnen die Aernte gewährte, aber sie selbst gehörten dem Herrn, in so fern er Guts-Herr war, nicht dem Staate, sie konten nichts vertauschen, verkaufen, nicht sich anderwärts hinbegeben oder heurathen, ohne der Herren Urlaub, ja selbst ihr Nachlafs gehörte dem Herrn. Doch fing man in manchen Gegenden an, diese Erbschaft auf etwas gewisses zu sezen und das übrige den natürlichen Erben zu lassen. Das Recht über Leben und Tod war schon verschwunden und ward nun noch zugleich von zwei mächtigen Feinden bestürmt, die jezt auch in allen unsern, selbst bessern urväterlichen Einrichtungen zu wüten anfingen,

und

und endlich das rechtliche Chaos hervorbrachten, aus welchem einen Lichtsfunken zu erlangen oft dem treflichsten Manne Schwierigkeit ist. Zuerst kamen die Doktoren strozend von Römischer Weisheit, die sie noch durch ihre Glossemen entstelten, dachten in Teutschen eigenen Leuten Römische Sklaven zu finden, und beriefen sich auf das Petronische Gesez und Hadrians Verordnungen; dann brachen die Kanonisten ein, sich auf Mosaisches Recht und auf Dekretalen gründend: aber kein Theil kante das natürliche Recht, keiner zeigte das Fehlerhafte der Behandlung, und doch schwand manches Befugnis bei Verbrechen und Strafen hin, und das, was gleich abgethan worden war, muste nun inquisitorisch behandelt werden [1]. Und so konte die Glosse zum Sachsenspiegel dieses ehmalige Recht über Leben und Tod nicht mehr wissen, und die Frage, ob ein Herr seinen eigenen Mann ungestraft tödten könne, mit Recht auf der lächerlichen Seite beantworten [2].

Aber

[1] Freilich anfangs sehr kurz, denn in drei Tagen war Leben und Tod entschieden, und das Urtheil vollstrekt.
[2] L. II. Art. 19.

Aber fie blieben doch eigene Leute und gingen dem Staate nichts an, da diefer fich nie um die Einrichtung der Wirtfchaft eines Landeigners bekümmerte. Sie waren keine Perfon im Staate, hatten keine Stimme in demfelben; ihr Wehrgeld war beftimt, wenn fie ein fremder verlezte, die Bufse feftgefezt, die auf fie fiel, aber Wehrgeld und Bufse ward weder ihnen gegeben, noch von ihnen gefordert, fondern der *Herr* bekam oder gab, je nachdem der Fall war, denn er vertrat fie in allen Angelegenheiten, und mufte auch anftatt ihrer dem Richter wetten, und war ftets feines Mannes Mundburd, oder Mundmann. Daher gedenken auch die Gefeze mitlerer Jarhunderte ihrer nicht, oder nur bei folchen Gelegenheiten, wo ihrer wegen ihrer Herren gedacht werden mufs, denn was fie zu thun und zu fordern hatten, lehrten Regifter und Urbarien, Tradizion und Herkommen, die nicht für andre Gerichten gehörten, vor denen auch kein eigner Mann, es mochte nun unter Königsbanne oder vor dem Grafen gedinget werden, erfcheinen konte; nicht als Kläger, denn er war echt und rechtlos; nicht als Beklagter, denn er konte keinen Vorfprecher bekommen, da fein Herr fein angegeborner Vorfprecher war, und das Gericht ihn für keine Perfon erkante.

Am wenigften konte er feinen Herrn vor den höhern Richter ziehen, denn wer folte ihn vertreten, wenn er feinen Vertreter verklagt hätte?

§. 6.

Auf diefe Art ward fortdaurend an der Umänderung der Erbunterthänigkeit gearbeitet — Denn nun, da das Recht über Leben und Tod des Herrn Händen entwunden ift, kan man nicht mehr von Leibeigenfchaft fprechen; aber das Recht auf ihre Befizungen ward nicht aufgehoben.

Die Kreuzzüge zu Ende des elften, und auch in den folgenden Jarhunderten verminderten diefe Knechtfchaft.

Viele von ihnen, die fonft nicht Schild und Helm führen durften, zogen im heiligen Kriege mit, die Höfe blieben leer, und die Herrfchaften muften fie freien Leuten übergeben, andere auf Zinfen fezen und los laffen [1]). So mufte zum Beweis 1257 der Abt zu Niederaltaich die Zinfen und Dienfte zu Flinsbach in Geld verwandeln, weil, da die Burg zerftöret

---

1) S. Nachrichten von Juvavia, S. 561.

ftöret war, die Güter ihm losgegeben worden waren ²).

Römifches und Kanonifches Recht, mit unter Bigotterei, noch mehr die algewaltigen Städte, vielleicht nur felten Gefühl für die Menfchheit, beßerten diefe Kondizion, fo lang bis entweder der genaue Nexus zwifchen Herrn und Unterthan ganz verfchwand, oder noch in Reliquien uns zeiget, dafs jene Hiftorifchen Angaben, jene Nachrichten des Tacitus — richtig waren. Hierzu kam, dafs wie die Lehne, fo auch die Bauergüter gröftentheils erblich geworden waren oder noch wurden ³). Ja man findet fchon einige Beifpiele, dafs die Dienfte auf Geld gefezet worden; fo zeugt das Urbarium des Stiftes Mormünfter, dafs einige im März drei Pfund dreifsig Pfennige dafür, aber zur Stunde erlegten, wenn fie nicht gepfändet fein wolten ⁴). Man fing an ihnen Rechte einzuräumen, die fie vorher nie hatten, und fie als Menfchen zu betrachten, das man vorher nie that,

2) Monumenta Boica. XI. p. 51.

3) So machte z. E. Kaifer *Ludewig* 1330 die Bauern zu Ober-Amergau erblich, fie muften aber järlich dafür zinfen. Monum. Boica. VII. 233.

4) *Schöpflin* Alfat. Diplomat. I. p. 231.

that, weil man bei ihnen nur stets auf den Herrn Rükficht nahm.

Oft zwang die Noth diefen Schritt ab, da die Geiftlichen, wie fchon gefagt, ihre Unterthanen befser behandelten und die Städte fie mit Vergnügen als Pfahlbürger aufnahmen; oft mochten fich die Bauren felbft Gerechtfame zueignen, die ihnen nicht gehörten. Man höre die Klagen des jüngern Ekkehards 5), fchon in frühern Zeiten, dafs die *Grofs-Maier* unter dem Abte *Hartmann* von Sankt Gallen angefangen hätten, Schild und Waffen zu führen, und auf ihren Alphörnern anders zu blafen, als die übrigen Maier, und Hunde zu halten, erft auf Hafen und dann, nicht blos auf Wölfe, fondern auch auf Bäre und Schweine.

Die Herrfchaften fchloffen Kontrakte, wodurch fie ihren eignen Leuten fich wechfelfeitig zu heurathen erlaubten, und opferten denfelben grofse Gerechtfame auf, wenn fie ihnen ewigen Befiz einräumten, und fie dadurch, dafs fie fie nicht mehr von ihrem Gute trennen wolten

---

5) Ekkehardus junior de cafibus Monafterii San. Galli. in *Goldafti* Scriptor. Rer. Allemannicor. I. p. 31.

wolten 6), von sich abzogen und an das Gut
hefteten. Und so ging es von Stuffe zu Stuffe.
Das Teutsche Recht änderte so seine Allgemein-
heit, dafs man in manchen Provinzen ganz
freie Leute, in andern solche, deren Güter nur
pflichtig sind, in andern Erbunterthanen und
vielleicht in einigen noch solche antrift, deren
Kondizion wenig von der wahren Leibeigenschaft unterschieden sein dürfte.

§. 7.

Es sei mir vergönnet hier etwas von den
Pfahlbürgern als der Art, wie sich die Leute von
der Unterthänigkeit los zu machen suchten,
zu sagen; nicht wie sie entstand; sondern wie
der Erfolg war. Dieser war doppelt unange-
nehm

---

6) Dieses darf aber nicht allgemein angenommen
werden, denn man findet noch jezt in manchen
Gegenden das Gegentheil. Noch 1423 war im
Kloster *Steingaden* ein Streit mit den Unterthan-
nen, weil das Kloster noch das Recht exerzirte,
nach der Aeltern Tode die Kinder zu übergehen,
und das Gut mit Fremden zu besetzen; aber die
Pfalzgrafen *Ernst* und *Wilhelm* entschieden dahin,
dafs künftig die Kinder und andere Erben folg-
gen sollten, wie es bei den andern Baierischen
Gotteshäusern Rechtens sei. S. Monum. Boica.
VI. 617.

D

nehm für die Herren. Erſt betrachteten ſie die Städte, ob ſie ihnen gleich nicht den Namen der eigentlichen Bürger zukommen lieſſen, ſondern ſie nur Pfahlbürger nanten, als freie Leute, denen ihre Herren nichts mehr zu befehlen, und ſie nicht zu beerben hätten. Dann zogen ſich vorzüglich die Handwerker in die Städte, und ſo entſtanden die Gilden und Innungen, welche am Ende ſo weit um ſich griffen, daſs ſie keine Handwerker auf dem Lande mehr leiden wolten. Der Verluſt des Todſchillings oder des Beſthauptes war für die Herrſchaften damals keine Kleinigkeit, und dieſes um ſo mehr, da das Hinzuſtrömen zu den Städten als den Sizen der Freiheit aufserordentlich war, und dieſe ſich ſogar erkühnten, Leute, die auf ihrer Hufe ſizen blieben, zu Pfahlbürgern anzunehmen [1]. Daher befahl der Kaiſer *Adolf* den Städten, daſs ſie dem Kloſter Sankt Blaſien, bei Foderung des Todſchillings von den eigenen Leuten des Stifts, die bei ihnen das Bürgerrecht erlangt hätten, keine Hinderniſſe in den Weg legen ſolten [2]. Es enſtanden Befehdungen; die Kaiſer wurden aufgefodert dem Unweſen zu ſteuern.

[1] *Selchow* Elementa Jur. German. §. 318.
[2] Hiſtor. Nigrae Siluae. III. 235.

fteuern. Faft jeder gab Befehle an die Städte, aber keiner hielt fie, denn jeder fah es gern, wenn feine geliebten Städte noch mächtiger wurden. Ich will nur einige anführen.

1220 befahl *Friedrich* der zweite, dafs keine Leute des Stiftes Mainz in die Städte aufgenommen werden folten 3). 1223. gab er den nämlichen Befehl wegen Strasburg 4).

1272 befahl *Rudolf I.* dafs in Steiermark die in die Städte fliehenden Leibeigenen ihren Herren wieder gegeben werden folten 5).

1328 unterfagte *Ludwig* diejenigen Pfahlbürger, welche einen Theil des Jares in der Stadt, und den andern auf den Dörfern fizen, und erlaubt fie nur, wenn fie *baulich* und *habelich* zu aller Zeit in der Stadt wohnen 6).

1340 unterfagte er fie in Frankfurt, Friedberg, Gelnhaufen, Wezlar, Oppenheim, aufer diejenigen, die fchon da wohnten, oder beftändig dafelbft bleiben wolten 7).

1356

---

3) *Gudenus* Cod. Dipl. I. 470.
4) *Schöpflin* Alfat. Diplomat. I. 350.
5) *Ludewig* Reliquiae med. aeui. II. 261.
6) *Senkenberg* Selecta Juris et Hiftoriar. II. 610.
7) Ib. II. 622.

1356 verbot *Karl der vierte* der Stadt Strasburg und andern Städten Pfahlbürger zu machen [8]).

Alle diese Verordnungen halfen nichts, denn sie solten nichts helfen. Zu Ende des 13 Jarhunderts gab der Kaiser *Albrecht* eine Konstitution wider sie [9]), aber sie blieb ohne Wirkung. Endlich machte *Karl der vierte* in der goldnen Bulle [10]) dem Unwesen ein Ende, aber es hatte schon zu tiefe Wurzeln geschlagen, als dafs es auf einmal und ganz hätte ausgerottet werden können, daher fielen die Herrschaften auf andre Mittel, die besser waren als Befehdungen, und sicherer wirkten als Reichsgeseze. Darunter gehören folgende:

1) Man gab ihnen Erlaubnifs, eine bestimte Zeit Bürger zu sein [11]). Dafür musten sie einen Zins geben, und konten nach der Zeit reklamiret werden.

2) Man liefs sie gegen einen bestimten Zins, ohne Zeit, das Bürgerrecht annehmen, und ver-

[8]) *Würdtwein* noua subsidia Diplomat. VII. 257.
[9]) S, meinen Erweis, dafs das Görlizer Lehnrecht altes Sachsenrecht sei. S. 75.
[10]) Tit. 16.
[11]) So ward einem 1360 erlaubet, drei Jare in München Bürger zu sein. Monum. Boica. II. 28.

versprach sogar sie wieder zu besiedeln, wenn sie wieder *arm* würden 12) oder sie andre Notdurft träfe 13).

3) Man führte den Unterthaneneid ein, wo sie schwören musten, sich bei Strafe nicht zu entfremden 14).

4) Einzelne Herrschaften errichteten mit den Städten Bündnisse, wo die leztern versprachen, keine ihrer eignen Leute mehr zu Burgern anzunehmen, wie z. B. 1386 Graf Otto von Hoya und die Stadt Bremen 15).

Die Annahme der Pfahlbürger hörte nun zwar auf, aber Künste und Handwerker hatten sich der Eigenschaft entzogen, und arbeiteten frei in den Städten. Dieser Umstand machte grosen Schaden in den Wirtschaften, und also auch viele Veränderung in derselben. Daher ward nunmehr Erlaubnis und Privilegium was vorher Rechtens war. Daher steht nun

---

12) D. i. eigen.
13) Wie der Abt zu *Ros* 1372. einem versprach, der gegen 60 Münchner Pfennige Zins in München Bürger wurde. ib. II. 36.
14) So findet man eine Urkunde von 1366 in Monum. Boicis. X. 137.
15) *Cassel* Brementia II. p. 291.

nun nach dem Hofmarksrechte des Klosters -
Rot dem Abte frei, seinen Weinschenker, Beker, Bader und andre Handwerker zu haben und zu sezen [16]), daher ward es auch bei dem Adel nur Vergünstigung. So erlaubte der Herzog *Boleslaus* in Schlesien, denen von Heinrichov in Reichenou, eine Schenke, zwo Schmieden, zween Beker und zwei Fleischer anzusezen, welche überall frei verkaufen könten [17]), doch mochte der lezte Umstand wohl die Ursache der Begünstigung sein. Da sonst die Herrn ihren eignen Leuten erlaubten für andre Leute zu arbeiten, so ward nunmehr die Erlaubnis dererjenigen dazu gefodert, wo diese freie Handthierung getrieben ward. Daher konfirmirte 1146 der Bischof von Freisingen dem Kloster Weihenstefan, in der Stadt dergleichen Leute als: Bierbrauer, Schuster, Böttger, Krämer, Wagner und andre zu halten, wofür der Abt eine Kleinigkeit für die Vergünstigung abgab [18]).

In den Klöstern hielten sich überhaupt die herrschaftlichen Handwerker am längsten, worüber

[16] Monum. Boica. II. 98.
[17] *Ludewig* Reliqu. med. aevi VI. 480.
[18] Monum. Boica. IX. p. 503. Sie werden Mechanici, artifices et negociatores genant.

über Philip der Gute von Burgund 1443 sehr klaget 19).

§. 8.

Wenn man nun über unsre Bauern und ihre Gerechtsame, so wie sie jezt sind, positive teutsche Geseze aus den mitlern Jarhunderten fodern wolte, so würde es eine vegebliche Foderung sein, und aus den ältern Zeiten der Salischen und Ripuarischen Franken oder Angeln und Saxen sie anführen zu wollen, würde uns auch nichts helfen, da ihre Kondizion verschieden ist, und nur des eignen Mannes da, wo von Verbrechen, die durch oder gegen ihn geschehen, geredet wird, gedacht werden kann.

Ueber die ursprünglichen Gerechtsame der Herrschaften auf ihre Leute, oder über die wechselseitige Verbindlichkeit sind keine Geseze möglich, sondern man muſs aus Urkunden, Regiſtern, Saalbüchern und Urbarien diese Schuldigkeiten auffuchen 1). Der Teutsche

---

19) Anderſons Geſchichte des Handels I. S. 35. *Fiſchers* Geſchichte des teutſchen Handels I. S. 42.

1) Am beſten beweiſt mir dieſes der Sachſenſpiegel ſelbſt III. 41. *Nu laſſet euch nicht wundern, daz die*

sche Bauer war vollkommen leibeigen, obgleich Leben und Tod nicht mehr von seinem Herrn abhing, und da jeder eigne Mann, wie die Glosse zum Sachsenspiegel [2]) sagt, in den Rechten todt ist, das ist, keine Person sondern eine Sache vorstellet, also echt, recht und erblos ist, so durften auch keine Geseze da sein, indem niemand daran zweifelte:

daß

diz buch so wenig sait uon dinstmannerechte, wenne iz so mannichualt daz iz keinman czu ende komen kan, und ir itlichim bischofe und apte und eptuschinne haben dinstlute sunderlich recht, darum so kan ichz nicht entscheiden. Ohnerachtet es scheinet, als ob hier blos von Ministerialien geredet werde, so zeiget doch der Fortgang, daß das nämliche von den eignen Leuten gelte, denn beide waren nicht frei, sondern gebunden, und beider Lage hing nicht vom Staate, sondern vom Herrn ab. In dem Dresdner gemahlten Kodex des Sachsenspiegels, ist dieses Dienstrecht also vorgestellet: Bischof, Abt und Abtissin sizen, vor dem Bischoffe sizen zween eigne Leute, die Hände auf den Knien, und vor dem Abte stehen zwei eigenbehörige, mit flach vor sich gestrekten Handen, um die Verschiedenheit anzuzeigen.

2) 3tes Buch. 32. Art.

daß der Unterthan alles was er hat, nicht als eigen, sondern als Herrschaftliches Lehn besize ³).

Daher lehren unsre Rechtsspiegel, wie schon gesaget, nichts von ihnen; selbst jene Stelle, die man so oft anführet, daß eigne Leute die Sachsenbuße nicht fordern können ⁴), spricht nicht einmal von Eigengebohrnen, denn diese konten auf einen solchen Gedanken nicht kommen, sondern der Sachsenspiegel sagt, daß Leute, die sich eigen gegeben haben, wenn sie je es wagen wolten, gleich den freien Leuten die Buße zu fodern, den Schatten eines Mannes dafür erhalten solten.

§. 9.

Ich nähere mich unserm Jarhunderte, das unsere schönen Geister, unsere hellsehenden

---

3) Daß der Lehnsnexus und das Verhältniß der Unterthanen gegen die Herrschaften einerlei Gang habe, bemerkt schon *Hommel* Rhapsod. T. IV. Obs. 578. p. 294, nur glaube ich, daß die Lehne von der Unterthanen Gütern kopiret worden, und nicht umgekehrt, wie *Hommel* meinet.

4) Sachsensp. III. 44.

Staatsreformatoren der Härte und Barbarei anklagen, und bitte um Erlaubniſs eine Parallele zwiſchen den Zeiten, die ich verlieſs, und denen, die wir jezt leben, ziehen und anzeigen zu dürfen, was von den urſprünglichen Verbindlichkeiten ſich noch in gemilderter Anwendung finde, damit man ſehe, daſs alles dasjenige, was man bald als Herkommen 1) bald als Obſervanz durch *fremde Rechte* zu zernichten ſuchet, urſprüngliche Einrichtung der älteſten Zeiten war, nur daſs man damals noch nicht nöthig hatte, ſich vor den *Pfiffen und Finten des römiſchen Rechtes* zu hüten 2), da nach *Varus* Niederlage kein römiſcher Rechtsgelehrter mehr es verſuchet hatte, ein beſſeres Schikſal als ſeine Vorgänger zu finden. 3).

Der

1) Man erinnere ſich hierbei des Aberwizes mit dem ſogenanten *Herkomannus*.
2) In irgend einer Urkunde, die ich eben nicht wieder auffinden kan, ſind die Exceptiones ſehr gut alſo ausgedrücket: *Wir begeben uns aller Pfiffe und Finten, die das römiſche Recht eingeführet hat.*
3) Wie bekant, riſſen die Germanen nach jener Niederlage den Römiſchen Prokuratoren die Zunge aus dem Halſe, und ſagten, für ihre Pfiffe und Finten, oder Exceptionen: Natter, höre zu ziſchen auf!

Der Unterthan war also nie eine Person im Staate, sondern ein seinem Herrn angehöriges Wesen, wurde und ist noch an seine Hufe gebunden (*glebae adscriptus*) 4). Daher hat weder er, der einzelne Mann, noch eine ganze Gemeine eine Stimme im Staate; sondern der Herr vertritt ihn 5). Daher konte er nicht für sich handeln, sondern was er that, that, oder thut er noch, für oder durch seinen Herrn, und wenn er nun freier handeln kan, oder freier handeln zu können wähnet, so muſs er Geseze oder Verträge, oder besondere Zulaſſung seines Herrn aufzuweisen haben. Seine Dienste mochten sein, wie sie wolten, gemeſsen oder ungemeſsen, er mochte gar keine Dienste haben, oder Dienſtgeld geben, so ergaben und ergeben sich noch folgende sichere Verbindlichkeiten:

1) Muſste er den herrschaftlichen Hof zur Nachtszeit wechselsweise bewachen, (*wactas facere*)

---

4) S. Ober. Lauſ. Unterthanen-Ordnung, Art. I.
5) Sagte doch sogar Der vierzehnte Ludwig von seinem ganzen Lande, *l'état, c'eſt moi!* — und jezt erſt nimt man es ihm übel!

facere) welches in der Regel allemal von zwo Perſonen geſchah [6]).

Dieſes müſſen ſie noch gegenwärtig thun, jedoch iſt an den mehreſten Orten eine groſſe Erleichterung dadurch geſchehen daſs ein feſtgeſezter Wächter angenommen worden iſt, zu deſſen Unterhaltung ein jeder anläſſiger Mann etwas weniges beiträget, und der von der Herrſchaft wegen der übrigen Dienſte die Koſt, auch oft noch einen Zuſchus an Gelde bekommet.

2) Muſte er wechſelsweiſe die Botenreiſen thun. (*Angarias facere*) [7].

Dieſe Botenreiſen werden noch von ihnen verrichtet, aber denjenigen, die tägliche Dienſte haben, auf dieſelben gerechnet, und auf die Art gewöhnlich wie andre Dienſte bezahlet, und die Nacht, welche ſie auſſen ſind, wird für einen Tag genommen; diejenigen, welche nur beſtimte Tage im Jare Dienſte thun, werden wohl ſchwerlich irgend-

---

[6] Z. E. im Kloſter Prüm. S. *Caeſarinum* ad Regiſtr. Prum. p. 418 In Soresheim thaten es allemal zwo Perſonen. *Schöpflin* Alſat. Diplom. I. p. 199.

[7] *Schöpflin* l. c.

gendwo über dieselben noch Botenreisen zu thun haben.

3) Konte er nicht ohne herrschaftliche Erlaubnis heurathen.

Dieses *jus defloratipnis, Marcheta, Maritagium*, oder wie dieser Konsens mehr heisen mag, findet man schon unter den Karolingern 8). Man trift es in den Niederlanden, wie in England an, wo es gelöset werden muste 9), ja noch im vierzehnten Jarhunderte bemerken wir in England diese Einschränkung, denn es ward einmal einem eigenen Manne (*seruus natiuus*) nachgelassen, ohne herrschaftliche Erlaubnis zu heurathen, aber nicht seiner Mutter, wenn der Vater starb 10).

Und noch jezt muſs er, wenn er heurathen will, des Herrn Einwilligung dazu haben, die er auch unentgeltlich erhält. 11).

4) Kon-

---

8) S. *Eginhardi* Ep. XVI.
9) *Grupen* a. a. O. S. 28.
10) Topograph. Britannica. N. 23. p. 93.
11) In der O. L. kan kein Gutsherr diese Verehlichung hindern, nur darf vor Endigung des Dienstjares sie nicht gefodert werden, nur müssen die Unterthanen nach der Ordnung von 1651, ihre Herrschaften *Ehren halben und aus Unterthäniger Ehrerbietung begrüſsen*.

4) Konte er nie aufser der Gemeine heurathen, weil er nach alten Rechten mit den übrigen die Familie des Herrn ausmachte, *und keine Henne über die Mauer flieget.*

Diefer Umstand brachte manche Verdrüfslichkeiten hervor, denn wer konte fo streng wachen, dafs es nicht gefchah, und dann war der Streit fertig, wenn man fich über diefes noch an die Rechtsregel hielt: *Trittst du mein Huhn, so wirst du mein Hahn.* Man traf mancherlei Einrichtungen — an einigen Orten machte man in einem folchen Falle den erstgebohrnen Sohn zum Besthaupte 12). 1267 erlaubten zwo Herrfchaften ihren Leuten die wechfelfeitige Heurath, und die Kinder wurden getheilet 13), wovon man mehrere Beifpiele findet 14).

Man behielt auch die Kinder gemeinfchaftlich; fo vertrugen fich 1342 das Klofter San Blafien, und ein Ritter miteinander, dafs zwei dafelbft benante Leute einander heurathen durften,

---

12) Z. E. in einer Urkunde von 1226. bei *Gudenus* II. p. 46.
13) *Zapf* monumenta anecdota. I. p. 174.
14) Z. E. 1319. in Monum. Boicis. IX. p. 143.

ten, und die Kinder gemeinschaftlich bleiben folten [15]).

Endlich fing man an, Verträge darüber zu schliefsen, und die wechfelfeitige Heurath, ohne über die Kinder zu disponiren, zu erlauben, wovon einer der älteften vom Jare 1376. zwifchen *Friedrich von Uppelborn* und dem Grafen *Johann von Saarbrüken* ift [16]).

Aufser Teutfchland ward in Liefland diefe Verheurathung erft durch neuere Verordnungen erlaubet [17]).

Und wenn er in neuern Zeiten eine Fremde heurathete, fo mufste fie fich loskaufen [18]), und wenn in der Oberlaufiz ein Landtagsfchlufs [19] zur freien, unentgeltlichen Heurath Erlaubnis gab, fo gehören doch immer noch Reverfalien von Seiten der für ihn bittenden Herrfchaft dazu [20]), welches auch

---

15.) Hiftor. Nigrae Syluae. III. 277.
16) *Kremers* Gefchichte des Ardennifchen Gefchlechts S. 535.
17) *Hupel's* Mifzellanien 24 St. S. 458.
18) So mufs fie noch in Schlefien einen Dukaten erlegen.
19) v. J. 1723.
20) Wenn daher ein herrenlofer Menfch, ein Weib mit des Herrn Vergünftigung nimt, fo bleibt fie
und

auch da nothwendig ift, wenn fie in eine freie Stadt heurathet und dadurch ganz der Unterthänigkeit entbunden wird.

5) Konte er fich nicht, ohne des Herrn Erlaubnis, aufer der Gemeine aufhalten, und mufste, weil ihm des Herrn Schuz folgte, dafür zinfen [21]).

Auch jezt mufs er ein Atteftat von der Herrfchaft haben, und etwas an Schuzgelde erlegen, welches gewöhnlich einen Thaler beträget [22]). Diefes Schuzgeld kan aber nicht von dem eigentlichen Dienftgefinde, fondern nur von denjenigen gefodert werden, die aus-

---

und ihre Kinder erbunterthänig, wenn auch er nicht dazu angenommen wird — (S. auch O. L. Unterthan. Oıdn. 2ter Art.) denn es war Niemand, der für fie bat, Niemand der für ihn Reverfalien ausftellte, und fo konte die einfeitig vergünftigte Verheurathung keine ftille Loslaffung bei fich führen. Gewöhnlich tritt diefer Fall bei vorheigegangenen Schwängerungen ein, und da träget der Herr oft Bedenken, den Vater felbft zum Unterthan anzunehmen, und hat die Laft.

21) Si foris poteftate noftra fint, foluit unus quisque Denarios XV. *in Reg. Prum.* p. 477.

22) S. z. E. Ober Amts Patent d. d. 29. Nov. 1727. im Collations - Werke. I. 671.

auswärts ein erlerntes Gewerbe oder Handthierung treiben.

6) Konte er sich auch nicht an einem andern Orte aufhalten, wenn es der dasige Herr nicht erlaubte, dem er auch einige Dienste dafür leisten und etwas abgeben muste [23].
Noch jezt gehöret es sich, diese Erlaubnis zu suchen, und werden gewöhnlich einige Tage Handarbeit dafür gethan und etwas gesponnen [24].

7) Konte er nie anders frei werden, als wenn ihn der Herr losliefs.
Die Arten der Manumission waren verschieden, und auch der Erfolg war es, den sie hervorbrachten. Wer vor dem Altar frei ward, trat in den Schuz der Kirche [25]. Wer frei ward, ohne sich wieder einen Herrn zu wählen, ward vom Kaiser vertreten, der für ihn Busse und Wehrgeld nahm [26], aber ihn auch beerbte

---

[23] Regiſtr. Prum. l. c.
[24] Nach der O. L. Landesordnung hat der Hausgenoſſe ſechs Tage järlich Handarbeit zu verrichten und ein mäſsiges zu zinſen.
[25] Lex Ripuarior. T. 158.
[26] Capit. Bai. a. 788. §. 7.

beerbte ²⁷), denn jeder mufte Schirm und Schuz haben, und wer diefe nicht hat, war und ift noch jezt ein Vagabund.

Die neuangelegten oder emporgekommenen Städte wurden freilich ihre Afilen, aber diefe eigenmächtige Losmachung mufte aufhören.

Jezt kan er zwar feine Loslaffung fodern, aber wer fie geben will, ift der Herr, und diefer kan keinen loslaffen, der nicht entweder beweifet, dafs er frei bleiben will, und alfo einen Ort hat, wo er frei fein kan, oder den Herrn nennet, dem er wieder unthänig werden will. Gefchiehet keines von beiden binnen Jar und Tag, fo fället er in die vorige Unterthänigkeit zurük, denn jeder mufs Schirm und Schuz haben ²⁸).

8) Kon-

27) Cap. II. a. 813. §. 6. *Möfers* patriot. Phantafien. II. 189.

28) Das gewöhnliche Losgeld beträget bei Mannsperfonen zehn Thaler. Es giebet aber auch Fälle, wo der Herr den Unterthan loslaffen mufs; die in der O. L. Unterthanen-Ordnung von 1651 genau beftimt find, als wegen Auskaufung, wegen begangener Miffethat, auch, wenn er von feinem Herrn graufam behandelt würde, wenn er mit herrfchaftlicher Bewilligung verkauft, und fich anderwärts anläfsig machen will.

8) Konte er wider feinen Willen vertaufchet, verkaufet oder verfchenket werden, der Unangefeffene fo gut wie der Befiedelte, und diefer mit und ohne das Gut 29).

Diefs änderte fich aber in Anfehung der Angefeffenen zeitig, als man fie von fich losrifs und feft auf die Güter ftiftete, daher auch fchon 1120 der Abt zu Hirfaug feinen Cenfualen zu Hall verfprach, fie nie ferner ohne ihren Willen von fich zu entfremden 30).

Diefes Recht fcheinet, was die Angefeffenen betrift, dadurch verloren gegangen zu fein, dafs in neuern Zeiten feftbleibende Steuern 31) entftanden, und was einmal bei einem Gute war, bei demfelben blieb. Und fo weifs ich

29) Man hat auch Fälle, dafs man die Güter verkaufte und fich die Leute mit ihren Narungen vorbehielt. In einer Mainzer Urkunde von 1108. übergab einer, was er in einer Villa befafs an Aekern, Wiefen, Wald, Mülen, und Wafferläuften, exceptis feruientibus et bonis eorum. *Guden*. Cod. Dipl. Mogunt. I. 38.
30) *Sebannas* Vindemiae I. 181.
31) Diefes gefchah in der Oberlaufiz, beim Lande 1567 nach Rauchfängen, und 1568 bei den Städten nach Schoken, nachdem die vorhergegangene Schazung die Norm dazu gegeben,

ich nicht, ob bei uns der Fall möglich wäre, ohnerachtet die Oberlaufizische Unterthanen-Ordnung dafür zu sprechen scheinet ³²). Daſs es aber ehemals so war, siehet man aus den noch vorhandenen Schenkungsbriefen, und daſs es Dörfer gibt, in welchen einzelne Narungen an andre Orte hingehören.

9) Konte er von Niemanden seinem Herrn, auf keinerlei Weise und unter keinem Vorwande, selbst nicht bei Brüchen vorenthalten werden, und wer es that, war straffällig ³³). Man findet auch in den Angelsächsischen Gesezen des Königes *Athelstan's* diese Vorenthaltung bei Königes Banne verboten, und der Mann muſste zurückgegeben werden ³⁴).
Und wer jezt einen Unterthan vorenthält, oder ohne Losbrief annimt, wettet Funfzig Thaler ³⁵).

10) Kon-

---

32) Art. 2. n. 3.
33) S. Sachsenſp. B. II. Art. 19. und daselbst die Gloſſe. Schon in den ältesten Zeiten findet man in den bekanten *Formulis Veteribus*, eine sehr merkwürdige, die diese Sache gut erläutert. In *Georgiſch* Corp. Iur. German. Antiqui p. 1108.
34) *Canciani* IV. 263.
35) Oberamtspatent d. d. 27. Apr. 1718. im Collect. Werke. I. T. 662.

10) Konte er nicht mehr für sich erwerben, als was er bedurfte, seine übrigen Kenntnisse in Arbeiten, Handwerken, Künsten und Handlung benuzte die Herrschaft.

Daher muſs er jezt, da er alles dieses kan, Konzeſſion dazu haben, und Konzeſſionsgeld erlegen, welches in einer Kleinigkeit beſtehet.

11) Konte er keine Kontrakte ſchlieſsen.

Und noch kann er es nicht in allen Fällen, da er z. B. ohne Herrſchaftlichen Konſens keinen Pacht eingehen, keine Vormundſchaft übernehmen, keine Bürgſchaft leiſten darf, und alles ſogleich nichtig iſt, wenn es hinter der Herrſchaft und ohne deren Konſens geſchehen iſt.

12) Konte er nichts nach ſeinem Tode hinterlaſſen, ſondern der Herr beerbte ihn, denn er war erblos.

Daher entſtanden, da er dieſs nun kan, in manchen Ländern, der Theilſchilling, der Sterbefall, das Beſthaupt, oder wie ſonſt das ſogenante *Mortuarium* heiſset, welches der Herr aus ſeiner Verlaſſenſchaft nimt.

Da vorher der Herr alles erbte, ſo erbte er auch die Kinder mit, für die er ſorgen muſste.

mufste. Um diefer Sorge zu entgehen, liefs man die ganze Erbfchaft fahren, und nahm den Todfchilling.

Merkwürdig ift es, dafs fchon 983 der Bifchof *Gebhard II.* von Koftanz an einem Orte, denen von ihm ausgefezten Leuten, diefen Todfall (*exuvias a mortuis*) nachliefs, aber der Grund lag wohl darinnen, weil fie gar nichts hatten [36].

Diefer Todfchilling war eine vorzügliche Anerkennung der Unterthänigkeit oder Eigenfchaft, daher fich 1120 der Abt von Hervord bei feinen Leuten in Hall, die er auserordentlich begnadigte, diefes Befthaupt durchaus vorbehielt [37].

Aber auch freie Leute waren diefem Rechte unterworfen, wie man aus einer San Blafifchen Urkunde von 1240 fiehet [38], und noch follen es freie Leute im Magdeburgifchen geben müffen [39].

An

---

[36] Hiftor. Nigrae Syluae. III. p. 14.
[37] *Schannat* l. c.
[38] Hiftor. Nigrae filuae. III. 143.
[39] *Schlözers* Staatsanzeigen. 12. St. S. 410.

', An vielen Orten hat es von felbſt aufgehöret, wie zum Beweis in Meklenburg 40); ich zweifle felbſt, daſs man es noch in der Lauſiz finden werde, ohnerachtet unſere alten Urbarien davon reden. In Osnabrük iſt es noch, wird aber nicht mehr in dem daſelbſt üblichen ſtrengen Sinne exerziret 41).

Herr *Salzmann* läſſet ſeinen Zögling der Natur, bei Gelegenheit der Wegname eines Beſthauptes eine Uebereilung begehen 42). Aber man bedenke, daſs es alte Konvention, und doch viel beſſer ſei, etwas beſtimtes zu geben, als wie es urſprünglich war, da alles dem Herrn gehörte. Im Stifte Hervord müſsen nach des Vaſallen Tode, ſeine Erben an das Stift ein *Herwadium* liefern, welches das beſte Pferd iſt, oder mit Gelde gelöſet werden muſs 43).

E 4 Und

40) *Eggers* über die gegenwärtige Beſchaffenheit und mögliche Aufhebung der Leibeigenſchaft in den Kammergütern des Herzogthums Meklenburg-Schwerin. S. 201.
41) *Möſers* patriot. Phantaſien. II. 181.
42) Karl von Karlsberg, oder über das menſchliche Elend.
43) *Bünemann* vom Heergewette, welches die Vaſallen dem Stifte Hervord geben müſſen. In *Zepernik's* Saml. auserleſener Abhandl. aus dem Lehnrechte. I. 118.

Und diefs find ganz frei geborne Menfchen! Es war aber diefes durchaus Sitte, dafs der höhere Herr, von dem, der ihm unmittelbar untergeben war, — und ihm daher wettete — den Sterbefall zog. Daher ftunden auch die Juden, und alle biefterfreien Leute, weil fie keinen andern Herrn hatten, unter dem Kaifer. Daher entftand die zum Sprüchwort gewordne Rechtsregel: *wo nichts ift, da hat der Kaifer fein Recht verloren.* Er zog von allen Reichsfürften und Bifchöffen diefen Sterbefall 44). In den geiftlichen Stiftern nante man diefe Abgift *Herewedde.* Es verlor fich aber bei den Leztern zeitig, und fchon 1267 erlies es der Bifchof von Osnabrük *Adolf* der I. feinen Kapitularen; nur die Lehnskurie behielt es bei, und ziehet noch das Heergewette oder das befte Pferd aus der Verlaffenfchaft der Vafallen, oder bekomt die hergebrachte Geldfumme; eben fo erhält es der Archidiakonus von feinen belehnten Kuraten, die aber den Sterbfall bei lebendigem Leibe verdingen 45).

13) Konte er nicht felbft vor Gerichte ftehen, fondern ward von feinem Herrn vor gehegter

---

44) *Harzheim* Concil. Germ. I. 495. 505.
45) *Möfers* patriot. Phantafien. II. S. 196.

hegter Bank, wie beim Heerbanne vertreten, denn er war echt und rechtlos.

Daher konte der Herr den Schaden, den der eigene Mann oder ein Vieh verursachte, entweder beſſern, oder die Sache, die Schaden that, es mochte Knecht oder Vieh ſein, ausliefern, eine Gewohnheit, die man ſchon in den älteſten Zeiten der Burgundien 46) und anderer Teutſchen Stämme findet. Und wenn eine ganze Gemeine miſſe that, ſo hatte der Herr die freie Kür, ob er ſie vertreten oder ausantworten wolte, eben ſo, als wenn eine Henne, oder ein Pferd oder eine Kuh Schaden thut 47). Der Grund war, weil nicht der eigene Mann durch eine Strafe litt, ſondern ſein Herr, dem er gehörte, darum kann ihn derſelbe löſen durch ſeinen Eid.

46) Tit. XXI.
47) Nach den ausdrüklichen Worten der Gloſſe zum Sachſenſpiegel. L. II. Art. 19. Da heiſt es unter andern im Görliz. Cod. *das man eym fryen manne uorteilt ſeynen leip, duz iſt ſein ſchade, und daz man einen eigin uorurteilt daz iſt ſeines herren ſchade. und dorum ſo ſwert der herre ſein unſchult, ber lediget in alſo, als ob er ſwure daz meine kue odir meine pferte ſchadin getan hottin dez ſint ſij unſchuldig daz mir got helfe und alle heiligen, alſo ſol auch der herre den eigen nennen.*

Kein Gesezbuch drüket sich kürzer über diese Schuldigkeit des Herrn aus, als das Gesez der Angeln und Werner. *Allen Schaden den der Knecht thut, gilt der Herr* 48). Man findet dieses auch in den Angelsächsischen Gesezen, wenn schon moduliret. So befahlen die Könige *Lothar* und *Eadrik*, dass der Herr den Mörder ausliefern, und das Wehrgeld für ihn legen solle 49). Er muste also dieses geben, ohne ihn reluiren zu können.

Diese Abhänglichkeit von dem Herrn ging so weit, dass man in *Wibträds* Gesezen verordnet findet 50), dass wenn Jemand einen eignen Mann (*mancipium*) losläffet, so solle er zwar frei sein, aber der Herr beerbet ihn, nimt und gibt Wehrgeld für ihn, und Busse, er mag sich aufhalten, wo er will. Er blieb also ewig unter Schirm und Schuz seines Herrn, und erhält nur, wenn, wie das Gesez saget, die Manumission in der Kirche geschah, Freiheit vor dem Volke. Wie sehr hatte also *Tacitus* Recht, wenn er erzählet, dass die Freigelassenen

---

48) Tit. III. in *Canciani* T. II. p. 36. Omne damnum, quod seruus fecerit, dominus emendat.
49) *Canciani* IV. 230.
50) Ib. IV. p. 232.

nen wenig Vorzüge vor den eigenen Leuten, felten ein Anfehen im Haufe, niemals im Staate hätten [51]).

Noch fodern unfere Unterthanen felbft diefe ihnen fo günftige Vertretung, noch mufs es dem Herrn gemeldet, und er darum erfuchet werden, wenn einer von feinen Leuten fich vor fremden Gerichten geftellen foll, und gewöhnlich gibt die Herrfchaft, wenn fie vor fremden Gerichten erfcheinen, einen Schöppen als Vertreter — oder als den ächtteutfchen Vorfprecher — mit.

14) Konte er nie beleidiget werden, fondern der Herr ward es, wenn ihm etwas gefchah. Daher konte er nie die Bufse bekommen, fondern der Herr erhielt fie [52]). Noch viel-

---

[51]) De morib. German. C. 25.
[52]) Sachfenfp. II. B. Art. 32. (34) Die Görlizifche Gloffe, die von den Schöppen zu Magdeburg felbft gefertiget ward, faget darüber folgendes. Art. 32. *Wer ez daz fotanem knechte alz ein eigen, etwaz widerfure alz ab er geflagin wurde odir beroubit odir waz im widerfure, do clage uon komen mochte do behort die clage dem herren und nicht dem knechte, und were die fache fo gewant daz do buze von kumt di bufs behort auch dem herren und nicht dem knechte. wenne man mag kein vngerichte an dem knechte begaen fundern waz man*

vielweniger konte jemals in ihm der Gedanke aufsteigen sie von seinem Herrn, die Gelegenheit mochte sein welche sie wolte, zu fodern. Und jezt, da sie sie von Fremden fodern können, suchen sie gern die Verwendung ihrer Herrschaft, die sie auch hier vertritt. Wenn sie aber je von dem Herrn selbst Busse fodern, wenn sie je dabei geschüzet werden solten, so würde es wider die Grundsäze des Sächsischen Rechtes sein, das noch in keiner Rüksicht aufgehoben worden ist, und zumal in der Lausiz, wie in mehreren Ländern, die Kraft und das Ansehen des Prioritätischen Gesezes hat 53), und überdieses nothwen-

an dem knechte tut daz tut man dem herren, dorum so hat der herre die uorderunge und nicht der knecht von rechtis wegin. vt Inst. de iniuriis §. seruis autem.

53) Mathiä Reg. Resolutio Gravaminum 1611. da heisset es unter andern: im Fall aber ein oder der andre vorfallende Casus in den Lands- und Gerichtsordnungen, Privilegiis, Statutis de iuribus municipalibus, *noch in den landüblichen sächsischen Rechten* nicht zu decidiren, so soll alsdann und auf solchen Fall secundum Ius ciuile vel canonicum — erörtert werden. Collections-Werk III. p. 923. Dasselbe ist auch vom Sächsischen Lehnrechte zu verstehen, welches sowohl Maxi-

wendig gelten mufs, fo lang man die Sachfenbufse, die man nur aus ihm fchöpfet, als gültig anerkennet. Die *Wette* kann der Richter fodern, bei jedem Bruche, wozu auch in unfern Tagen, grobe, unfittliche, barbarifche Behandlungen der Unterthanen, wenn fie ja noch vorkommen könten, gehören würden, aber nie ein eigner Mann *Bufse*.

15) Konte fich Niemand aufsergerichtlich zu eigen geben; wer fich den Gotteshäufern übergab, that es vor dem Altare.

Diefes gefchah darum, dafs der Herr eine Urkunde daran hatte, und das Gericht wufte, dafs der übergebene Mann nicht mehr frei fei, und damit die Erben es erfuhren, dafs er fich zu eigen gegeben habe; denn da der Herr den eigenen Mann beerbte, fo war es feines nächften Magens Sache, diefe Uebergabe rükgängig zu machen, und er konte, vermöge der Rechte, es widerreden, wenn ihn aber der

Herr

Maximilian, als Johann George I. das hiefige landübliche Recht nennen. S. Collect. Werk I. p. 1032. 1038. fo dafs alfo das Langobardifche Lehnrecht nur auf den Fall, dafs jenes nichts beftimmet, gelten kan.

Herr bis an seinen Tod behielt, so nahm dieser das Erbe und seine nachgebornen Kinder 54). Man lernte aber auch hier sicher gehen, und das Römische Recht führte bald seine Renunziationen ein.

Noch im Jar 1384. übergab sich Jungfrau *Agnes*, Junker *Walpolz* von *Nallingen* Tochter, die zu ihren Tagen kommen war, mit gutem Willen und Gunst ihres Vaters an das Kloster und Gotteshaus zu San Blasien, nebst allen den Kindern, die je von ihr kommen könten, zu eigen, nach der Art, wie andere eigene Leute des Klosters, und am Schlusse der Urkunde bestätigte ihr Vater alles, versprach darwider nichts zu schaffen zu haben, ohne Gefährde, und hing sein eignes Siegel an den Brief 55).

Dieses Beispiel ist auch darum merkwürdig, weil es eine adliche Jungfrau und zwar mit Bewilligung ihres Vaters that 56). Herr Hofrath

---

54) Sachsensp. L. III. Art. 32. 41.
55) Histor. Nigrae Syluae. III. 317.
56) Man denke nicht, daß dieses eine gewöhnliche Uebergabe an den Heiligen eines Stiftes war, die man mit einer järlichen Abgabe an Geld oder Wachs lösete, sondern es war, wie die Urkunde

rath *Schlözer* 57) verlangt zwar noch mehr; er fraget, wenn es ein Glük für den Bauer sei, einen Gutsherrn zu haben, warum man kein Beispiel habe, daſs ein Gutsherr leibeigner Bauer geworden sei? Wahrscheinlich muſte er selbſt das schielende und hyperparadoxe dieser Frage, und alles das, was man mehr aus ihr folgern könne, fuhlen. Das Glük bleibet relativisch, und was dem Herrn es iſt, kann es nie dem Bauer in gleichem Maſse sein, sie hätten denn einerlei Erziehung genoſſen, einerlei Grundſäze angenommen, und befänden sich in ganz ähnlichen Verhältniſſen. Wenn der Landmann glücklich iſt, daſs er an seinem Herrn einen Vertreter hat, so kan es der Herr auf diese Art nie werden, indem er keines solchen Vertreters bedarf, sondern sich entweder selbſt genug iſt, oder ihn in seinem höhern Richter findet. Aber er that einſt den nämlichen Schritt, den Herr Hofrath *Schlözer* mit der Benennung einer Thorheit bezeichnet, nur auf die Art, wie ihm denselben zu thun sein Stand zulieſs: er offerirte seine freien Alloden zu Lehen, und lieſs

kunde ausdrüklich besaget, eine Uebergabe an das Stift zu eigen.

57) Staats-Anzeigen. 36 St. S. 499.

ließ sich sogar zum Ministerial machen. In dem erften Falle ward aus dem *Freien* ein *Mann*, und fein Heerfchild ward geniedert, daher ward der Welf *Etbiko* faft wütend, als fich fein Sohn dem *frommen Ludewig* zum Lehnmanne anbot, und viertaufend Hufen empfing 58); und im andern ward er Leibeigner eines Höhern als er war, daher klagte 1073 *Friedrich von Bergen*, als ihn der Kaifer *Heinrich* zum Dienftmanne machen wolte, er fuche ihn um feine Freiheit zu bringen 59). Sie wurden alfo auch *eigene* Leute; dafs fie aber je unter die Bauern hätten gehen follen, ift zu viel verlanget, denn wenn die weltlichen Fürften fchon dadurch, dafs fie der geiftlichen Fürften Mann wurden, ihren Schild niederten, und vom zweiten auf den dritten Heerfchild brachten 60), wenn fchon der Freie, fobald er ein Mönch ward, feinen Schild niederlegte, und ihn nie, felbft wenn er zum weltlichen Leben zurükkehrte, wieder erlangen konte

---

58) *Pfeffels* Alterthümer des Baierifchen Lehnrechts, in *Zepernik's* Samlungen. IV. pag. 94.

59) *Zepernik's* Samlung. 3. Th. S. 95. auch 108.

60) Auct. Vet. de beneficiis. §. 2. Görliz. Lehnrecht, Cap. I. Sächfifch. Lehnrecht, und andre.

konte ⁶¹), was wäre dein Thoren übriggeblieben, der sich seiner freien Geburt begeben hätte, um den Versuch anzustellen, ob der unter dem Schuze eines Herrn stehende eigene Mann glüklich sei.

Wer sich bei uns eigen giebet, thut es gerichtlich und leget den Unterthanen-Eid ab.

16) Konte er nicht dem Heerbanne folgen, sondern ward auch hier von seinem Herrn vertreten, denn nicht ihn, sondern den Herrn foderte derselbe auf. Dieser gestelte sich, oder wenn er zwölf freie Hufen, (*ingenuiles mansus*) besaſs, einen Harnisch ⁶²).

Aber Dienste zum Heerbanne muſte er thun, und vorzüglich die Bagage führen, (*hostilitium*) ⁶³).

Daher waren ihm die Kreuzzüge so angenehm, denn da er ihnen, ohne seinen Herrn zu befragen, folgen konte, so glaubte er durch die

---

61) Sachſenſp. I. B. 25. Art. *Karl der Groſſe* befahl ſchon, daſs kein Freier ohne ſeine Erlaubniſs in den Geiſtlichen Stand treten dürfe. Capit. II. a. 805. §. 15. in *Cbiniac* Capit I. p. 427 S. auch *Marculſ* formul. I. 19. ibid. II. p. 384.
62) Capit. IV. a. 804. Cap. 7.
63) Gloſſar. med. et infimae latinitat. v. hoſtilitium.

die Bezeichnung des Kreuzes schon Ritter geworden zu sein, und sie hatten auch, wie ich oben gesaget habe, grosen Antheil an der Veränderung seines Schiksales.

Er konte auch keine Waffen führen, sondern sie werden ihm gleich weggenommen [64]).

Jezt haben wir keinen Heerbann mehr, sondern stehende Armeen, deren Unterhalt das Ganze trift — denn auch diesen musten sie im Kriege liefern, oder das sogenante *Nachtselde* thun. — Das Ritterpferd haftet auf der Herrschaft, aber die Bauern geben Vorspann und Fuhren.

17) Konte er nicht die Jagd exerciren, sondern sie gehörte dem Herrn.

Aber die Jagddienste muste er leisten, den Jägern, wenn ein Jagen gehalten ward, ein *Nachtselde* geben, und die Hunde unterhalten. Gegenwärtig mufs er noch an vielen Orten die Jagdfolge leisten, und herrschaftliche Hunde

---

64) *Hommel* Rhapsod. III Obs. 424. p. 15. Oberamts-Patent. d. d. Budissin. 29 April 1765. Schon in der Landesordnung Rudolphi II. von 1597 sind den Unterthanen Büchsen, Armbrust und Geschofs untersaget, und sollen selbige von der Herrschaft abgefordert und nach Würden bezalet werden.

de in feiner Pflege halten, wofür er aber bisweilen der Herrschaft etwas Getreide abschüttet.

In denjenigen Ländern, wo die Jagd ein Regale geworden, müssen diese Dienste und das Halten der Hunde der Landesherrschaft geleistet werden, z. E. in Fulda [65])

18) Konte er sich nicht der Fischerei in den Dorfbächen, Flüssen und Lachen anmaſsen, sondern sie gehörte dem Herrn.

Und gehört ihm noch, wie sich von selbst ergiebet, wenn er nicht etwan das Gegentheil bescheinigen kan [66]).

§. 10.

Diese Verbindlichkeiten trafen alle seine Person, seine Güter aber folgende.

1) Kon-

---

[65]) *Thomas* System aller Fuldischen Privatrechte. I. §. 206. 210.

[66]) S. auch die Landesordnung der O. L. von 1597. vermöge der ihnen das Fischereigeräthe, wenn sie welches haben, weggenommen werden soll. Das nämliche gilt auch daselbst von dem Jagdgeräthe, nur ist ihm vergönnet, auf den Finkenheerden, auf der Spreu und Leimstangen zu stellen, doch auch nicht im Wiederzuge, auch nicht vor Johannis Baptistae.

1) Konte er nie über seine Besizungen dispeniren, konte nicht verkaufen, verpfänden, vertauschen, oder seinen Kindern hinterlassen. Und wenn er dieses jezt bei seinen erblichen Besizungen kann, so kann er es doch gröftentheils nur mit Einschränkung, denn er mufs, — die natürliche Erbfolge seiner Kinder ausgenommen, — zu allem herrschaftlichen Konsens haben; und wenn er seinem Herrn einen demselbigen nicht anständigen Käufer seines Erbgutes, das ist einen solchen, wider den ein gegründeter Einwand gemacht werden kann, präsentiret, so ist dieser nicht genöthiget, ihn anzunehmen.

2) Bekam er Haus, Vieh, Aker, von der Herrschaft zum Unterhalte, muste aber, was er mehr erwarb, zurükliefern. Als daher die Bauergüter anfangs auf Lebenslang verliehen wurden, so entstanden Getreide - Geld - und Blutzinsen, die schon in den ältesten Zeiten regulirt wurden; als man sie aber gar erblich machte, so musten und müssen noch die von dem ersten Besizer erhaltene Sachen an Vieh, Schiff und Geschirr, als eisernes Inventarium bleiben.

3) Konte er sein Feld nur nach herrschaftlicher Vorschrift benuzen.

Darauf

Darauf gründen fich die herrfchaftlichen Hut- und Triftgerechtigkeiten, daher kan er ohne herrfchaftlichen Konfens nichts von feinen Feldern vermiethen.

Freilich wünfchet hier mancher einen Machtfpruch, feitdem zumal Herr *Schubart von Kleefeld*, der felbft, wie man faget, fein Feld mufte behüten laffen, den Ton angab. Ein neuerer flüchtiger Auffaz über die Schäferhöfe der Herrfchaften und Edelleute [1] betrachtet diefe Hutung nur als ein Gewohnheitsrecht, das er wegwünfchet, weil es dreimal unbillig fei, dafs fich die herrfchaftlichen Schäfereien auf fremden Gute nähren.

Man findet aber nicht in Teutfchland allein, fondern auch in England diefe Hut- und Triftsgerechtigkeit [2].

4) Gehörte ihm nur die Oberfläche des Bodens zur Kultur feiner Hände, und nichts, was fich auferdem in und auf demfelben befindet.

Da-

[1] Im Neuen deutfchen Zufchauer II. Heft, S. 163
[2] S. Arth. Young's Annals.

Daher kan er keine Steine brechen, oder Leimen graben, oder Holz hauen, noch roden, welches nach dem Sachfenfpiegel nur dem freien Erbzinsmanne erlaubt ift ³).

Die Gloffe zu diefer Stelle — in dem vorzüglich guten Görlizer Codex — erkläret auch, wer diefe Erbzinsleute find. Ihr Gut, fagt fie, ift weder Eigen, Erbe noch Lehn, und mag nicht ledig werden, noch dem Herrn anheim fallen, weil niemand dazu geboren ift, darum kan man fie auch nicht davon weifen, noch abdringen. Ich führe diefe Stelle darum an, damit man nicht etwan unfre erblichen Bauern in diefen Erbzinsleuten fuche.

Daher haben auch die Herrfchaften das Recht, Steinkolen und Torf auf den Unterthanen-

3) I. B. Art 54. In der Laufiz, Böhmen, Schlefien, gehörten von jeher die Stein- und Kalkbrüche auf den Ruftikalgründen der Herrfchaft. *Friedrich* der Einzige beftätigte diefes Recht feinen Vafallen in Schlefien, in der revidirten Bergordnung 1769. — in *Bergius* Saml. auserlefener Landesgefeze. I. 46. Als daher 1764. der königl. Fiskal erfuhr, dafs die Bauern in Grofs-Hartmansdorf fich unterfingen, Kalkbrüche anzulegen, fo belangte er fie fiskalifch, und fie muften fie der Herrfchaft abgeben, diejenigen ausgenommen, die feit dreifsig Jaren, Jar und Tag im Befiz waren.

nenfeldern zu graben, oder einen Zins dafür zu fodern 4).

Daher gehörten Salinen und Erzgruben den Herrschaften, denn sie waren keine Regalien 5); eben so wenig, als die Jagd, die auch dem Herrn gehörte, und nicht Regale, aber auch nicht freie Pürsch war 6). Da, wo die Vasallen noch diese Gerechtsame haben, besizen sie sie nicht als übertragenes Regale, sondern als Ueberreste der herrlichen Gewalt (*dominicae potestatis* 7), und das leztere um so mehr, da der gröfsere Theil der Lehen aufgetragene sind, (*feuda oblata* 8). Daher gehet auch jene Stelle

des

4) Oberlausiz. Holz- und Forstordnung von 25 Jul. 1767. Cap. IV. §. 8.
5) Man findet daher in alten Zeiten überall die Salzwerke in Privathanden. S. z Exempl. U. J. Kopp's Beitrag zur Geschichte des Salzwerks in den Soden bei Allendorf an der Werre. Marb. 1788. 8.
6) S. Sachsenspiegel II. 61. wo nur drei Heiden in Sachsen ausgenommen werden, die schon damals Bannforste waren.
7) Daher besafsen auch die Kaiser und Grafen auf ihren Domänen einst diese Sachen nicht als Landesherren, sondern als Landeigner. S. *Schmidts* Geschichte der Teutschen. Ulm. 1778. I. 531.
8) *Pfeffel* a. a. O. in *Zeperniks* Samlungen. IV. p. 99. hat folgende Stelle: Die Lehnsrechtslehrer, erfüllet

des Sachfenfpiegels, wo von Schäzen, die tiefer als ein Pflug in der Erde liegen, geredet wird 9), diefe Lehre von der nur oberflächlichen Benuzung der Bauerfelder nichts an, denn fie gehören zu der königlichen Gewalt, und nun demjenigen, der die *jura fisci* als Regale befizet 10),

Die von dem Geifte des Martinus Gofia und des Ugolinus a Porta, können nicht Regalien genug ausdenken und fuchen noch immer die Schlüffe des Roncalifchen Reichstages und der römifchen Lehren 'de juribus fifcalibus mit heimlicher Wolluft auf Teutfchland und unfre freie Vorfaren anzuwenden. Allein, man hat feit fechzig Jaren gelernet, anders zu denken etc.

9) 1. B. Art. 36. (35)

10) *Hommel* Rhapf. Obf. 607. R. V. p. 41 machte, vermöge diefes Art. Kalk- und Steinbrüche zu einem Regale, allein die obige Stelle befaget deutlicher, wem diefelben gehören, die auch in denjenigen Ländern, die, wie die Oberlaufiz, das Sächfifche Landrecht, als ihr erftes Gefezbuch betrachten, keine andre Erläuterung zuläfset.

Herr *von Cancrin* in f. vermifchten meift ökonomifchen Schriften 3te Abhandl. hat auch die nämliche Meinung, aber beide Herren haben in ihren Gutachten falfche Prämiffen, und fo mufte freilich die Folgerung irrig ausfallen. Der leztere hält es für ein Refervat der römifchen Kaifer in den ältern Zeiten.

Die Landesfürsten der Oberlausiz haben von jeher ihren Vasallen die Gnade erzeiget, und sie in dem ungestörten Besize der niedern Mineralien, als Zinn, Eisen, Blei, Quekfilber, Kupfer, Alaun, Vitriol, Schwefel etc. gelassen, ihnen auch den halben Zehenden von Gold und Silber eingeräumet, wozu noch *Maximilian*, als er sich die etwanigen Salinen vorbehielt, den Zehenden Theil der Nuzung davon den Grundherren zusagte [11]).

Alles dieses, was ich hier anführte, beruhet, sobald es die Person des Bauers, seine Dienste abgerechnet, betrift, auf der Obervormundschaft des Herrn, sobald es aber seine Besizungen angehet, ist es Folge des Obereigenthums [12]). Und so wieder Vasall, wenn er An-

spruch

11) In *Ferdinandi I* Vertrag 1534 lautet es also: wie sie zuvor von Alters her bei unsern Vorfaren, Kaisern und Künigen zu Böhem vor vielen Jaren, in diesem Künigreich sich dessen gebraucht und genossen. — Collections-Werk II. 299. So auch Maximilian von 1575 — der ihnen alle wenigere metallische und mineralische Bergwerke, die in esse sein oder noch künftig aufkommen möchten, zusichert. — Ebend. S. 303.

12) *Thomas* System aller Fuldischen Privatrechte II. S. 181.

spruch auf ein nach den Gesezen des Landes ihm nicht gehöriges Regale machet, sein Recht darauf beweisen muſs, so muſs auch der Bauer, wenn er wo eximiret sein will, den ähnlichen Beweiſs führen.

Huthung und Fischerei sind Zeichen des Obereigenthums, noch mehr aber die Jagd, wer diese und den Wildbann an einem Orte hat, der besizet auch den Gerichtszwang, oder die Obergerichte, wenn sich nicht eine bewiesene Ausnahme von der Regel findet.

§. 11.

Da nun der teutsche Bauer auf diese Art ganz an sein Gut geheftet war (*glebae adscriptus*) und an vielen Orten noch ist[1]), so ergeben sich, selbst bei den so auserordentlich gemilderten Grundsäzen, noch über dieses folgende Umstände, die sich alle auf Obereigenthum und Obervormundschaft gründen:

1) Er kan sich, auser dem Orte seiner Unterthänigkeit, nirgends ohne herrschaftliche Erlaub-

---

1) Daſs die Unterthanen als ein Theil des Gutes angesehen werden, erhellet aus der alten Unterthanen-Ordnung und aus der Grundtaxe in der Oberlausiz. S. Collectionswerk I, S. 133. u. 617.

laubnis aufhalten, oder ohne derselben Gunst-schein vermiethen [a]), denn da ihn der Herr immer noch vertritt, so muss er auch wissen, wo er ihn zu suchen habe.

2) Er kan keine Profeſſion lernen, und nichts unternehmen, ohne Vorbewuſt der Herrschaft, deren Konsens er zu suchen hat.

3) Er kan von seinem Herrn Unterstüzung und auch Verdienst durch Arbeit verlangen, da des Herrn Pflicht es fodert, darauf zu sehen, daſs er nicht unverschuldet Noth leide, und würde demselben, wenn der Herr, es zu thun, auſer Stande wäre, nicht verwehret werden können, auſer dem Orte seiner Unterthänigkeit sich den Unterhalt zu suchen.

4) Er muſs alle Arbeit verrichten, die nicht in Urbarien oder durch Observanz eximiret, oder in Gränzen eingeschränket iſt.

Man findet schon in alten Zeiten Dienste bestimmet und eximiret. So waren nach dem Urbar des Stiftes Mormünster einige schuldig, den Wein zu schneiden vor die Kelter, aber nicht hinein zu führen; sie schnitten das Gras, luden das Heu, traten es aber nicht, welches alles

---

a) O. L. Gesinde Ordnung I. §. 9.

alles und mehr dergleichen wieder andere Leute thun mufsten ³).

5) Es müssen die Bauern, wenn man ihre Dienste zum Dominium nicht bedarf, Holz, Ziegeln, und dergleichen andern Leuten anfahren, und der Herr nimt den Lohn.

Dieses Recht läugnen einige, wie *Berlich* ⁴) und *Martin Nanrath* ⁵), andere bejahen es, wie *Besold* ⁶). Nur ist dieses merkwürdig, dafs beide Theile, die teutschen Rechte, und die Quelle, aus denen die herrschaftliche Foderung fliesset, verlassend, ihre Gründe aus den römischen Rechten nehmen 7). In der Oberlausiz selbst ward 1682 in Sachen Valentin Nikels von Ponikau auf Elstra, gegen seine Unterthanen daselbst, für diese Befugnis gesprochen 8).

Der

---

3) *Schöpflin* Alsat. Diplom L. 227.
4) P. I. Dec. 67.
5) De jure subditor. §. 65. p. 638.
6) P. IV. Consil. 189. p. 240.
7) Und zwar der lezere aus l. 26 D. §. 2. de oper. libert.
8) Auch noch vor kurzen ist, so viel ich weifs, in den Streitigkeiten der Zodeler und Sohrneundorfer Gemeinen, über dieses Befugnis durch alle Instanzen beifällig für die Herrschaften gesprochen worden.

Der wahre Grund dürfte wohl darinnen liegen, weil ihre Dienste gemessen sind, und gewöhnlich an jedem Orte die Weite der Fuhren auser dem Dominium bestimmet ist, und sie nicht schuldig sind mehr zu thun als diese. Solte man nun aber, wenn der Herr nicht alle Dienste zum Behufe des Dominiums bedürfte, ihm das Recht, die bestimten Tage anderweit zu nuzen, absprechen wollen, so würde, wie mich dünkt, die Billigkeit erfodern, daß auch er das Recht habe, wenn er mit den Diensten in der Ernte und sonst nicht auskäme, mehrere zu verlangen, oder sie bis auf ihm bequemere Zeiten aufzuheben.

6) Es können die Herrschaften ihre ledigen Leute zu Annehmung der wüsten oder freien Stellen zwingen, doch müssen sie ihnen Vorschub thun 9).

Dieses mochte ehemals nöthig sein, als das Land durch Kriege, wie der dreissigjährige war, verwüstet und öde da lag, aber jezt würde ein solcher Fall sich als etwas seltenes auszeichnen, da jede offene Narung mehrere Liebhaber findet, und die Herrschaften nicht genug neue Häuser ausezen können.

Es

9) O. L. Unterthanen-Ordnung Art. II.

Es ift diefes uralte Sitte, die man noch mehr bemerken würde, wenn mehrere Urbarien gedrukt wären. So findet man diefes Recht 1462 in *Chiemfee* [10]).

7) Es kann der Bauer nicht fein Land vermiethen, oder auf halben Gewinn fäen, ohne herrfchaftlichen Konfens, denn ohne denfelben könten fehr leicht liederliche Wirthe entftehen. Diefes mufs der Herr vermeiden, denn der Schade trift ihn.

Mit diefer Einfchränkung verbindet fich noch eine andere, dafs kein Unterthan ohne Einwilligung fein Gut zerftükeln oder neue Häufer darauf ausfezen dürfe.

Diefes findet man nicht allein in der Laufiz, fondern in fehr vielen Ländern verboten; und es ift, feitdem fixirte Steueranlagen entftanden, nothwendig, dafs wenigftens der Gutsherr feine Einwilligung dazu geben oder verfagen müffe; denn diefe Zertheilung im Allgemeinen, wie es in einigen Ländern gefchehen, zu unterfagen, kann nur der lokale Umftand zu-

---

10) Monum. Boica. II. p. 514.

zulaffen, aber wohl nicht ganz, wenn nie eine Difpenfation ftatt fände, für billig erkant werden ¹¹).

Man findet fchon zeitig diefe Zerftükelung, und eben fo die Ausfezung kleiner Narungen: 1392 kommen, ganze, halbe und Viertel Hufen vor, auch ausgefezte kleine Leute auf denfelben, die der Träger oder Befitzer des Hofes wieder einziehen konte, und die, wenn er das Gut losgab, mit darunter begriffen waren, fie mochten nun wüfte oder gebauet fein ¹²). Aber im 15ten Jarhunderte fingen fich fchon die Einfchränkungen an, noch mehr im folgenden, als man fand, was für unangenehme Sachen entftanden, worunter z. E. walzende Güter, walzende Zinfen gehören; und da man wenig aufzufchreiben gewohnt war, oft der Herr nicht wiffen mochte, von wem er Dienfte und Abgaben zu erheben, und wer die Landesfteuern zu entrichten habe. Daher ward fchon 1444 im Stifte *Etal* verboten, daß kein Hof weiter mehr zertheilet werden folle, aufer in

---

11) S. vorzüglich *Lutenrieth's* uneingefchränkte Vertrennung der Bauergüter oder Bauerlehne. Stutgard 779. 4.
12) *Schöpflin* Alfat. Dipl. II. 299.

in vier Theile, und man darauf zu sehen habe, daſs dieſe wieder zuſammen kämen 13).

8) Es darf Niemand, ohne Erlaubnis, einen Fremden zur Miethe einnehmen.

9) Es entſtehen daher dem Lande keine Kaduzitäten, ſondern, wenn der Bauer übergiebet oder verwüſtet wird, ſo fället alles dem Herrn anheim, der die Narung vertreten muſs.

10) Eben ſo entſtehen nicht dem Lande ſondern dem Herrn neue Narungen 14).

11) Es muſs daher der Herr darauf ſehen, daſs die Güter nicht verwüſtet werden, indem er ſonſt, wenn das Gut ihm anheimfället, die Dienſte verlieret, und Steuern und Gaben übernehmen muſs. Aus dieſem Grunde

1) war oder iſt der Bauer in der Benuzung des *nicht ihm*, ſondern *ſeinem Gute* gehörigen

---

13) Monum. Boica. VII. 286.
14) Daſs der Gutsherr die eingehenden Güter vertreten müſſe, und daſs ſie ihm, und nicht dem Lande entſtehen oder entgehen, wuſte der Verf. der Bemerkungen auf einer Reiſe durch die Lauſiz, in der Berlin. Monathsſchrift 1783. I. B. nicht, ſonſt würde er ſich die ganz ſchiefe Note darüber erſparet haben. Auch bei den Sechsſtädten kommet Zuwachs und Abgang nur den Komunen zu Nuzen und Schaden.

gen Holzes eingeschränket, muſs zum Fällen und Roden herrschaftlichen Konsens haben, und kan nichts, wenn sich nicht besondere Ursachen ergeben, davon verkaufen 15).

2) Kan er keine Steine brechen noch Leimen graben, weil die Oberfläche verdorben, Grund und Boden ruiniret wird, und bei seinem *perſönlichen* Nuzen, einſt der Herrſchaft der *reelle* Schaden bleiben würde 16).

Dieſes iſt eine zweite Urſache, warum sich die Unterthanen dieſer Sachen nicht annmaſsen können, sondern erſt ihr Recht dazu beweisen müſſen 17).

12) Es kan daher der Herr dem Bauer seine Narung abkaufen, und sie mit dem Hauptgute konſolidiren, denn er thut nichts, als daſs er sein Eigenthum, das seine Vorfahren wegliehen, wieder an sich nimt, und dem Hauptſtamme wieder einverleibet.

Es iſt alſo im Grunde unbillig, wenn man diese Einziehung der Bauergüter in einigen Ländern

---

15) Und dieſes nun um so weniger, da wir eine treffliche Forſtordnung haben.
16) Sachſenſp. II. 54. *Struben* de jure Villicor. Cap. III. §. 1. p. 68.
17) S. oben §. 10. n. 4.

dern unterfagen will [18]). Die Abgaben gehen nicht verloren, fondern der Herr mufs fie übernehmen.

Indeſſen findet man fchon 1444 in Baiern beim Stifte *Etal* die Einrichtung, dafs die Herrfchaft keine Bauergüter mehr kaufen folle [19]).

13) Es kan daher der Herr feinen Unterthan wider deſſelben Willen auskaufen, und dieſes vorzüglich, wenn er feine Dienfte und Gaben verweigert oder nicht abliefert, feine Wirthfchaft ruiniret oder die Gemeine aufwiegelt, u. dergl.

Daher trift man diefes oft beftrittene Recht noch überall an, wo fich eigene oder erbunterthänige Leute, oder Güter, die ihrer Natur nach nicht ganz frei find, befinden. Darunter gehören *Laufiz* [20]), *Schlefien* [21]) *Holſtein*

---

[18] *Hemmel* Rhapfod. I. hat p. 238 die 164. Obf. überfchrieben. Optandum foret, ne nobilibus liceret, praedia ruftica coemere — Sein Grund ift die mehrere Bevölkerung.

[19] Monum. Boica. VII. 237.

[20] O. L. Unterthanen-Ordnung Art. 4. §. 2. Joh. Georgs II. Refolution von 1672. im Collections-Werke. I. p. 1437.

[21] Verordnung der Fürften und Stände. d. d. 1. Oct.

stein ²²), *Wolfenbüttel*, *Hildesheim* ²³), *Braunschweig*, *Meklenburg*, *Naſſau*, *Heſſen* ²⁴), und andere teutſche Länder, wo die obengedachte Kondition ſich äuſert.

Da aber bei dieſem Rechte, — das wenigſtens bei uns kaum alle funfzig Jare einmal ergriffen wird, — vielleicht Unbilligkeiten vorkommen möchten, indem jeder, der ſeine bisherige Wohnung übergeben muſs, alſo auch derjenige, der abgebauert, abgeſiedelt, abgemeiert wird, ſeine Meliorationen fodern kan ²⁵), und dieſe nothwendig eine Taxe und nicht die Willkür des Herrn zulaſſen, ſo haben in neuern Zeiten mehrere Regierungen die Konkurrenz des Oberrichters anbefohlen ²⁶), welches in andern Ländern die Klugheit anräthet ²⁷), ſo

---

1. Oct. 1652. in Samlung Schleſiſcher Provinzialgeſeze. p. 33. Landesordnung von Oppeln und Rattibor a. 1562. Rubr. 44. Art 44. ib. p. 387.
22) Holſtein. Landgerichts-Ordnung P. I. l. 3 §. 11.
23) *Hagemann's* Archiv. 3ter Th. S. 5.
24) *Selchow* Elementa Jur. German. §. 397.
25) Sachſenſpiegel II. 53.
26) Z. E. in Holſtein, Minden etc. S. *Strubens* Bericht vom Abmeierungs Proceſs. c. I. ſ. 13.
27) Nach der Landesordnung von Oppeln und Rattibor a. a. O. iſt verordnet, daſs der Herr mit frem-

so daſs ohne denſelben die Auskaufung oder Exmiſſion nicht inſtruiret werden kan, wodurch freilich oft Prozeſſe entſtehen [28]).

Man wird vielleicht dieſes Auskaufungsrecht für unbillig halten, vielleicht in demſelben Broken der Leibeigenſchaft entdeken, und glauben, daſs Unterthänigkeit nur ein ſubſtituirtes Wortſpiel ſei? — An meiner Stelle mag der berühmte *Möſer* reden [29]): „*Die Abäuſſerung hat mit der Leibeigenſchaft nicht ſo viel gemein, als man glaubt. Sie iſt die Verbannung eines unwürdigen Mitgliedes aus der Reibepflichtigen Geſellſchaft, und dieſes Mitglied mag Rittereigen oder Hofhörig, Kurmündig oder Nothfrei, ja es mag der urſprüngliche Eigenthümer des unter-*

---

fremden geſchwornen Leuten das Gut abſchäzen laſſe.

[28]) *Möſer's* patriot. Phantaſien, II. 156. Er vertheidiget die gerichtliche Form bei der Abmeierung und ganz mit Recht.

[29]) a. a. O. Betrachtungen über die Abäuſſerungs- oder Abmeierungsurſachen: S. 163. Zuvor hatte er die Klage der Gutsherren erzälet, daſs ſie ſo viel lüderliche und ſchlechte Wirthe dulden müſten, weil ihnen die Richter bei der Abmeierung ſo viel Schwierigkeiten machten,

terhabenden Hofes fein; fo muſs es abgeäuſsert werden können, fobald es den Bedingungen zuwider handelt, welche die reihepflichtige Geſellſchaft zu ihrer Erhaltung und Vertheidigung eingegangen find, und eingehen müſſen.

14) Da nun der Unterthan glebae adfcriptus iſt, und dem Herrn, als Herrn dieſes Gutes angehöret, ſo entſtehet die Frage, ob der Herr, wenn er mehrere Güter hat, ihn zwingen kan, auf einem andern Gute, zum Nuzen dieſes andern Gutes, Frohnen zu thun, oder ſeine Kinder nöthigen, auf dem andern Hofe zu dienen?

Ehemals ward in beiden Fällen für die Herrſchaften geſprochen, aber das Dienen des Geſindes dürfte wohl nicht mehr allgemein gelten, da die neuere Einrichtung ihnen Freijare läſſet, ehe ſie wieder auf den Hof müſſen, welches ziemlich gewöhnlich zweie ſind, aber dadurch, wenn die Auswahl groſs iſt, von ſelbſt verlängert werden 30).

Was

---

30) In der O. L. iſt dieſe Einrichtung ſehr verſchieden; jedes Dorf hat faſt ſeine eigene, die auf ſeine Lage, ſeine gröſsere oder mindere Bevölkerung paſſet; ſo daſs man keinen allgemeinen Saz annehmen kan.

Was aber die angefeffenen Leute anbetrift, fo ift die Sache doch wohl zweifelhaft. Schon *Karl der Große* eiferte wider diefe Gewohnheit in einem Kapitulare von 807, da die Vafallen ihre Leute, von ihren damals nicht erblichen Lehnen wegnahmen, und ihre Alloden bearbeiten liefsen [31]. Allein es war bei beiden ein andrer Grund.

Einft, da fie nur dem Herrn eigen waren, konte diefer fie freilich nöthigen zu arbeiten, wo er wolte, aber nun, da fie an den Boden fixiret find, fcheinet es eine andere Befchaffenheit zu fein, denn dort thaten fie für ihre Perfon, hier thun fie für das Gut ihre Dienfte, daher auch bei unfern Lafsnarungen ohne Zweifel für den Herrn würde gefprochen werden, fo wie ich auch Oerter kenne, die feit langen Zeiten fchon diefe Dienfte auf andre Güter verrichten.

Allein ich glaube doch, dafs fie diefelben nicht denegiren können, wenn

1) ihnen die Zeit des Hin- und Hergehens und Fahrens, auf ihre feftgefezte Stunden angerechnet wird, und

2) fie

---

[31] Capitularia Regum Francon. Edit. *de Chiniac* I. p. 459.

2) fie dasjenige erhalten, was ihnen an dem Orte ihrer Unterthänigkeit ausgesezet, und nicht dasjenige, was an dem andern Orte in Gebrauch ist, und

3) der Herr ihre Dienste an ihrem Wohnorte entbehren kan, worunter vorzüglich Fuhren begriffen fein würden.

Den leztern Punkt wird man wohl schwerlich bestreiten, aber bei den ersten beiden wäre es doch wohl noch möglich, dafs das *Römische Recht* Ausflüchte darreichen könte.

Das mochte auch die Ursache sein, warum sich hie und da die Klöster lang sträubten, die Narungen erblich zu machen [32]).

15) Er kan nicht ohne Erlaubnis des Herrn verkaufen [33]).

Wenn

---

[32]) Z. B. im Kloster Steingaden 1423. S. Monum. Boica VI. p. 612. In einer Urkunde des Stiftes Raitenbuch im 15ten Jarhunderte steht: So vil und es mag gesein, ist vil nüzer, die Güeter nit zelassen auf Leibgeding noch Erbrecht, dann sie zu verkumern. Sicut longa docuit experientia. Monum. Boica. VIII. p. 111.

[33]) Oft auch in Ländern nicht, wo er frei ist. S. *Thomas* Sistem der Fuldischen Privatrechte. II, 181.

Wenn er dieses thut, so ist es in manchen Ländern die Ursache, warum er von seiner Narung vertrieben werden kan [34]).

16) Er muſs die Laudemien entrichten, wodurch das Obereigenthum anerkant wird.

Daher hatte ehemals der Herr den Vorkauf, und mag ihn vielleicht noch in manchen Ländern haben. Man behauptet auch, daſs er ihm in der Lauſiz gehöre, welches ich aber nicht gewiſs behaupten kan, da mir keine Fälle bekant sind. Analogisch zu schliefsen, iſt er gegründet, denn wenn ein Bauergut aus freier Hand zum Dominium gekaufet, wenn der Bauer wider Willen ausgekaufet werden kan, wenn er seinen neuen Käufer der Herrschaft präsentiren muſs, so solte wohl dem Vorkaufe nichts entgegen stehen, da er zumal aus alter teutscher Sitte bewiesen und mit den ursprünglichen Gerechtsamen der Herrschaften belegt werden kan.

So durfte 1337 in *Chiemsee* kein ansäſsiger Unterthan ohne des Kloſters Vorwiſſen verkaufen,

---

34) *de Selchow* l. c. §. 391. So durfte im 15ten Jarh. in Weyſing ohne der Aebtiſſin Willen Niemand frei verkaufen, und der Käufer keinen Pflug eher einsezen. Monum. Boica II. 523.

fen, wenn er es nicht zuvor demfelben anbot; an Fremde durfte es gar nicht gefchehen [35]).

17) Er mufs, wenn er wegziehet, das Abzugsgeld der Herrfchaft erlegen.

* Diefes uralte Recht fcheinet bei den Landeignern daher entftanden zu fein, weil durch das Wegziehen, denfelben der Todfchilling entging.

18) Die Geldzinfen, welche er liefert, find als Anerkennung der Herrfchaft entftanden [36]). Oft find fie auch als Vergütung der Nuzung zu betrachten, und kommen fchon in den ältern Zeiten vor.

Zu diefen Gerechtfamen und Befugniffen gehören noch verfchiedene in der Oberlaufiz, die ich kürzlich anführen will.

1) Die Unterthanen müffen einer jeden neuen Herrfchaft die Erbhuldigung leiften. Diefes findet man ebenfals in andern Ländern, als in Schlefien. Auch in Kur-Sachfen wird derfelben gehuldiget [37]).

2) Sie

---

[35] Monum. Boica. II. p. 484.
[36] *Mekbachs* Erläuterung des Sachfenfpiegels. S. 278.
[37] *Klingners* Saml. zum Dorf- und Bauren-Rechte. IV. p. 1.

2) Sie nehmen vor den Patrimonialgerichten, felbft in Sachen des Herrn gegen fie, die Unterthanen, Recht.

3) Sie müffen der Herrfchaft die Gemeine Rechnung vorlegen.

4) Dürfen ohne derfelben Erlaubnis keine Kollekten oder Anlagen erheben.

5) Müffen, wo fie nicht ein anderes erweifen können, die Baufuhren zum Dominium, unbefchadet der Hofedienfte thun 38).

6) Sie können vindiciret werden, und

7) findet gegen die Erbunterthänigkeit keine Verjärung ftatt 39) u. f. f.

§. 12.

Diefes ift ziemlich dasjenige, was die Herrfchaften zu fodern und die Unterthanen zu leiften haben, und aus der alten urfprünglichen Verfaffung hergeleitet werden mufs und kan. Alle Gerechtfame und Freiheiten, welche die Unterthanen zu befizen vorgeben, oder was fie ihren Herrfchaften abläugnen wollen, müffen fie

38) S. *Klingner* I. 58. Hommel Rhapfod. Obf. 174. Vol. I. p. 266. Die Baudienfte find allgemeines Recht.

39) O. L. Unterthanen-Ordnung Art. 2.

sie erst beweisen, welches nur durch ihre Käufe, durch Landesgeseze, Verträge, Obfervanz, Analogie, vielleicht auch durch Verjärung geschehen kan; so lange diese nicht für sie sprechen, so lange kan der Herr aus seinen ererbten Rechten seine Foderungen thun, und kein römisches Recht entscheidet wider ihn, denn der Bauer in Teutschland ist nicht Römischen sondern Teutschen Ursprunges. Haben nun aber die Umstände dieser Leute sich geändert, so ist es doch nur in Ansehung ihrer *Personen* geschehen, da die Herrschaften ihnen aus Gefühl für die Menschheit, die Rechte derselben, aber immer unter ihrer Leitung und Direktion, als einer ewigen Vormundschaft (*mundiburdium*) aus den Gründen der alten herrlichen Gewalt (*potestatis dominicae*) angedeihen liessen, oder da Landesgeseze ihnen dieselben zusicherten. Würde es nicht der traurigste Misgrif sein, wenn man sie wider das, was bald gute Polizei, bald Vorsorge für sie, bald Handhabung unsers Eigenthums ist, vertheidigen und in Schuz nehmen, oder sie auf Sachen aufmerksam machen wolte, die nur der ganz freie Mann, frei für Person und Besizung, haben kan [1]?

würde

[1] Das thun diejenigen Schriftsteller, die Unterthänigkeit und Dienstleistung mit einander vermengen

würde es nicht Unkunde der vaterländischen Rechte und Geschichte verrathen, würde es nicht unbillig fein, wenn man uns unfere ererbten oder erkauften Gerechtfame ohne Erfaz entreiffen wolte ²)? Würde es nicht der gröfsefte Undank von den Landleuten fein, wenn fie nun noch Sachen fodern, und mit Gewalt nehmen oder uns auch abläugnen wolten, die man ihnen nie einräumte, nie einräumen konte? Können fie in Anfehung ihrer Befizungen mehrere Gerechtfame haben, als ihre Vorfahren hatten; ift dadurch, daſs fie für ihre Perfon freier geworden find, mit ihren Gütern eine Novazion vorgegangen? Ich denke mit nichten, denn diefe Gerechtfame ruhen nicht auf ihrer *Perfon*, fondern auf ihren *Gütern*, und die Kondizion, unter der fie der erfte Empfänger, (*primus acquirens*) erhielt, ift noch die nämliche und keineswegen

gen (den Unterfchied zeigt die O. L. Unterthanen - Ordnung Art. I. an), und alles für Leibeigenfchaft erklären.

2) In Dänemark fcheinet der Fall anders zu fein; dort ift die Eigenfchaft neuen Urfprunges, und im Grunde wohl nur Ufurpation, die am Ende durch die königliche Kommiſſion aufgehoben werden dürfte.

ges erlofchen. Ich berufe mich hier noch auf die oben erzählte Sitte in *Hervord* und *Osnabrük* ³), da der Vafall nach feinem Tode durch ein fogenantes Heergewette beerbet wird, und dafs noch freie Landleute dem Todfchillinge unterworfen find. Bei allen hat fich die perfönliche Kondizion geändert, aber die reelle Verbindlichkeit blieb.

Und wenn irgend ein Unterthan fich nebft feiner Narung ganz frei kaufte, fo würde er dadurch nie etwas weiter erlangen, als Freiheit für feine Perfon, und fein Gut, alles übrige, was nicht ausdrüklich benennet würde, müfte des Herrn Gerechtfamen unterworfen bleiben. Daher kan fich auch ein folcher Freifaffe nie unterftehen, auf feinem Freigute mehrere Freileute auszufezen.

Man wird diefes durch ganz Teutfchland gewahr werden; man gehe alle Urkunden, Gefchichtfchreiber, Landrechte und Regifter, und wie andere Quellen mehr heiffen mögen, durch, als in Holftein, Meklenburg, Pommern, Schlefien, Böhmen, und man wird den Bauer nie anders als nach diefen ächtteutfchen Grundfäzen finden, und wo es irgendwo anders ift,

da

³) S. 9. n. 12.

,da müssen Veränderungen vorgegangen, oder neuere Einrichtungen erfolget sein 4). Und so muſs derjenige, der meine in der Natur der Sache, in der herrlichen Gewalt gegründete, bisher ausgeübte Rechte angreifen, mir entfremden oder sich zueignen will, erst beweisen, daſs ich entweder dieselben nie gehabt, oder durch Geseze der Fürsten, oder durch Verfügungen der Stände zu seinem Vortheile sie verloren habe.

Und wenn nun auch in unserer Oberlausiz die Bauern in Ansehung ihres personellen Zustandes freier sind, als ihre Vorfahren, so muſs es doch in Ansehung ihrer Besizungen sein, wie *Just Henning Böhmer* von den *freien Lauſten* in Holstein saget 5).

„Dieselben haben durch Veränderung ihres Zustandes nicht mehr Recht an Grund und Boden, so sie besizen, überkommen, als ihre Vorfahren im eigenen Stande gehabt."

Und

---

4) So entliefs vor wenigen Jaren das Domkapitel zu Paderborn seinen Leibeigenen die Eigenschaft. S. *Schlözers* Staats-Anzeigen. 28. S. 521. So hob der Markgraf von Baden die wenigen Ueberreste derselben auf. S. Deutsches Museum 1783. p. 389.

5) *Scherts* jurist. Wochenblatt. I. 796.

Und wenn ein freigewordener Menſch an ſeinem Gute nicht mehr Recht erlanget hat, nicht mehr erlangen konte, wie vielweniger der, welcher noch immer unterthänig iſt, noch immer ſeinem Geburtsorte gehöret?

Und ſo gehe man die teutſchen Einrichtungen durch, nehme alle Klaſſen von Leibeigenen oder erbunterthänigen Bauern vor, ſie mögen nun *Laſſen*, *Lauſten*, *Eigenbehörige*, *Sunderleute*, *Hazermänner*, oder wie ſie wollen, heiſsen, ſo wird man überall finden, daſs ſie ihre Güter nur zu ihrer Unterhaltung, vor jezt und vor die Zukunft, benuzen können, Grund und Boden aber, und was ihnen von deren Emolumenten nicht ausdrüklich eingeräumet worden, der Herrſchaft bleibet.

Es iſt freilich ſchlimm, daſs unſre Vorfahren, da ſie mit ihren Leuten die Aenderung vornahmen, da ſie ihnen die Narungen erſt auf Lebenszeit, dann erblich überlieſſen, da ſie ihre Dienſte beſtimten und milderten, da ſie ihnen mehrere Freiheiten einräumten, nicht alles aufſchreiben lieſsen. Dem Beiſpiele der Klöſter hätten ſie folgen ſollen, die ſchon zeitig ihre Regiſter und Urbarien fertigten. Sie hätten ſo handeln ſollen, wie bei einem Tauſche zweier Güter 1260 geſchah, da die Bauern

ern erst wegen ihrer Umstände vernommen wurden und dieselben eidlich erhärten musten ⁶). Allein dazu hatte man damals keine Gründe, denn

1) war hier nicht der nämliche Fall, wie bei der todten Hand;

2) hielt man noch viel auf Treu und Glauben, da das Römische Recht feine Exceptionen und Distinktionen noch nicht überall verbreitet hatte.

3) Konte der Herr selten schreiben, und überließ überhaupt alle Geschäfte seinen Beamten, die er jezt gern selbst übernimt, weil sie sich nach den Ideen der damaligen Zeit nicht für seinen über Pflug und Egge erhabenen Stand schikten.

Aber diese Urbarien würden nur einseitig sein, so wie es jene von den Stiftern auch sind, denn

---

6) *Gudenus* Cod. Dipl. Mogunt. I. 671. Sie und andere wurden [sub iurisiurando] befraget, deswegen, *quod eiusmodi villæ rustici, sicut mos est rusticis saepe facere, possent aliquo modo caufari posthac et sub tali occasione suam debitam subtrahere ac minuere seruitutem — et hoc fecimus ad obuiandum malicie rusticorum et ne possent de cetero variare.*

denn erſt hatte der Bauer keine Stimme, und
nichts dabei zu thun, als die Milde und Gnade
zu erkennen und anzunehmen, die ihm allemal wiederfuhr, wenn durch die Urbarien die
unbeſtimten Frohnen beſtimt, und feine Gerechtſame geſichert wurden, und dann, da der
Herr nur ſelten die Kunſt zu ſchreiben verſtand,
ſo wird man es nicht aufferordentlich finden,
daſs noch zu Ende des vorigen Jarhunderts kaum
der zehnte Landmann leſen, nie faſt einer
ſchreiben konte; und doch könte es Fälle geben, wo die Advokaten, unbekant mit dieſer
Nichtkunde, die mangelnde Unterſchrift und
Agnition des Theiles, der hier nicht kontra-
hirte, ſondern ſeine Sicherheit feſtgeſezet erhielt, als die Quelle der Ungültigkeit anſehen
würde. Befinden ſich ſolche alte Urbarien des
vorigen Jahrhunderts in den Händen der Gemeine, mit herrſchaftlicher Unterſchrift, ſo
iſt es ein ſicheres Zeichen von der ehemaligen
Annahme 7).

Die Umſtände änderten ſich, der Bauer ver-
gaſs durch die Länge der Zeit ſeinen Urſprung,
ſeine

---

7) Andre Umſtände, die etwan jezt zur Sicherſtel-
lung beider nunmehr kontrahirender Theile nöthig
oder anzurathen ſind, konte man damals nicht.

feine Schuldigkeit, und fein Anwald vergifst oft, dafs es ein Teutfches Recht giebt, dafs daſſelbe die Proödrie vor dem Römifchen habe, und berufet ſich auf natürliche Freiheit, die nicht einmal auf römifche Bauern, — dafs ich fo rede — anwendbar ift. Der römifche Bauer, der nicht Landbefizer war, ward von feinem Herrn in Eſſen, Trinken, Kleidern unterhalten, fo lang dieſer wolte, und hatte nichts eignes. Daher gibt *Kato* den Landeignern die goldene Regel, ohne erröthen zu dürfen, einen alten und kranken Knecht zuverkaufen 8). Der Teut-fche hingegen arbeitete für ſich und feine Familie, gab erſt von dem mehreren Erwerb ab, und war blos einen Theil feiner Zeit dem Herrn zu widmen ſchuldig, und nur nach feinem Tode beerbte ihn derſelbe. Wenn der Römi-fche Knecht krank war, oder nicht mehr fort konte, fo ward er verkauft oder verſtoſſen; der Teutfche blieb, und wenn auch der Herr zu Grunde ging. Daher ward auch in neuern Zeiten, als die Bauern zumal das Untereigenthum erb-

---

8) De Re ruſtica. Cap. 2. vendat boves vetulos, armenta delicula — feruum fenem, feritum morbofum — kurz alles was alt, ftumpf und fchwach ward.

erblich empfingen, und die fpecielle Sorge des Herrn für ihren Unterhalt wegfiel, die Einrichtung getroffen, daſs die alten abgehenden Wirthe, wenn fie ihre Narungen, entweder verkauften, oder ihren Kindern übergaben, Wohnung und einen gewiſſen beſtimten Unterhalt in der Narung behielten, welches man bei uns das *Gedinge*, in andern Ländern den *Auszug* nennet, wobei aber die Herrſchaft darauf Acht gibt, daſs nicht einer von beiden Theilen, wenn zu viel oder zu wenig gefodert würde, beſchweret werde.

§. 13.

Was nun übrigens die herrſchaftlichen Unterthanen in der Oberlauſia anbetrift; ſo kan man fie in folgende Klaſſen bringen. Sie find
I. *Bürger* in den kleinen Städten, die einem Erbherrn gehören, und bald erb-, bald Schuzunterthänig ſind; thun theils Dienſte, theils haben fie dieſelben abgekauft.
II. *Bauern* auf dem Lande. Dieſe ſind wieder
1) *In Anſehung ihrer Perſon:*

1) *Erbunterthanen*, die auf dem Gute geboren werden, und wo jede Perſon männlichen Geſchlechts gewöhnlich gegen Zehn Thaler, welches aber der höchſte Saz iſt, losgelaſſen wird.

wird. Dazu gehören auch diejenigen, die eine Narung kaufen und fich erbunterthänig geben.

2) *Schuzunterthanen*, die blos den Schuz des Herrn und feine Vertretung genieffen, gewöhnlich nicht den Unterthaneneid ablegen, und wenn fie wollen, zu jeder Zeit, gegen Erlegung eines Dukatens, losgelaffen werden können. Manchmal dingen fich auch neue Ankäufer diefe Schuzunterthänigkeit für ihre Perfon aus. Uebrigens thun die unangefeffenen Schuzunterthanen nur wenige Tage Dienfte.

Diefe Schuzunterthanen entftanden bei uns erft in neuern Zeiten, aber man findet fie fchon in den mitlern Zeiten in Teutfchland unter der Benennung *Kurmünden* oder *Kurechte* [1]).

2) *In Anfehung ihrer Güter:*

1) *Eigentliche Bauern.* Diefe find befpannt, und entweder Grofs- oder Kleinbauern nach der Ruthenzahl ihrer Befizung [2]).

2) *Gärt-*

---

[1]) *Möfers* patriot. Phantafien II. 198.

[2]) Eine Hufe hat bei uns zwölf Ruthen, aber wie viel zu einer Ruthe gehöre, weifs niemand, denn man findet, dafs ein Grofsbauer 24, aber auch 60 Scheffel Land haben kan. Man gehet auch nach der Regel, wie der befpant ift, fo dienet er, und man nennet daher die Grofsbauern, Vierfpänner, und die kleinen, Zweifpänner. Da es

2) *Gärtner*, was in andern Ländern Koſſäten ſind. Gemeiniglich verrichten ſie alle Handarbeit, ſo wie die Bauern mit ihrem Viehe das Geſpann.

3) *Häusler*, in andern Ländern Büdner, ſind neuern Urſprunges und haben gewöhnlich nur einige feſtgeſezte Tage Dienſte.

3) *In Anſehung ihrer Verbindlichkeiten:*

1) *Frei*, und zwar Freibauern, Freigärtner, Freihäusler, wenn ſie keine Dienſte thun, und entweder ihre Güter ganz frei übernommen haben, oder von Alters her einen Kanon erlegen.

2) *Dienſtpflichtig*, wenn ſie Dienſte thun, und zwar die Bauern gewöhnlich alle Wochen drei Tage mit dem Zuge, die Gärtner, welche daher *Hofegärtner* heiſſen, täglich mit der Hand, und die Häusler gewöhnlich in beſtimten Tagen, die nicht viel betragen, gewöhnlich in der Heu- und Kornärnte [3]).

Hier-
es aber auch Dreiſpänner gibt, welche gewöhnlich zu den Groſsbauern gerechnet werden, ſo iſt wohl jene Benennung beſſer.

[3]) In den Urkunden, wo wir beſtimte Tage antreffen, ſind ſie mehrentheils auf Heu- und Getreideärnte angewieſen. So auch in England ohc-

Hierunter gehören diejenigen aufäßigen Unterthanen, die in den neuesten Zeiten auf Dienstgeld gesezet worden sind, es mag nun dieses auf beständig, oder auf Zeit geschehen.

3) *Laßbauern*, wenn sie Laßnarungen besizen, welche man vorzüglich im Wendischen noch häufig antrift. Alles gehöret dem Herrn, der fast für alles sorgen muss, und die Laßnarung bei Lebzeiten und nach dem Tode des zeitigen Besizers einem andern übergeben kan.

§. 14.

Man überlege nun, ob der Zustand unserer Bauern schlecht sei! Sie stehen unter der unmittelbaren Vorsorge ihres Herrn, der ihnen rathen, helfen und beistehen kan und muss. Wo sie

in

ehemals auf die Zeit Falcationis (*Aernte*) und primae et secundae Bedrip (*Heu- und Grummetärnte*). — In einigen Orten der Oberlausiz gibt es auch Häusler, die tägliche Dienste thun müssen, so wie man auch andre Dörfer findet, wo die Gärtner täglich doppelte Dienste haben. Aber beides scheinet nur seltene Ausname zu sein, als daß man durch sie gehindert werden dürfte, die oben genanten Dienste als die algemeinere Norm anzunehmen. Uebrigens sind die Doppeldienste auch teutsche Sitte. S. Regiftr. Prumiense. p. 448.

in Ansehung ihrer Person eingeschränket sind, da ist es im Grunde noch gute Polizei, denn sie können zu allen Sachen herrschaftlichen Konsens erlangen. In Ansehung ihrer Besizungen aber können sie nicht freier sein, oder sie müsten ihre Güter auflaßen und aufs neue unter andern Konditionen erhalten, so dafs eine Novazion entstünde; dann würden aber auch ihre Güter, die jezt fünfhundert Thaler gelten, noch zweimal mehr kosten und werth sein.

Man denke sich nicht den Zustand der Lafsgüter traurig, für die Leute ist er der beste, dem Herrn bleibet die Sorge und Noth. Ob ihr Hof abbrennet, oder das Haus zusammenstürzet¹), gilt ihnen gleich, denn der Herr muſs bauen. Daher waren jüngst nur wenige Herrschaften so glüklich, ihre Unterthanen dahin zu disponiren, dafs sie diese Güter erblich übernahmen; bei den mehresten war es fruchtloser Versuch.

Ich brauche diesen meinen Gedanken nichts zuzufügen, als die Frage, ob nicht noch manches anders sein könne, und ob nicht die ganze erbunterthänige Verfaſſung abgeschaffet zu werden

---

1) Auch in der Brandverficherung affekuriren nicht sie, sondern der Herr.

den verdiene? Da aber diejenigen, welche immer von Aufhebung der Leibeigenschaft, als einer Entehrung der Menschheit reden, sich etwas undeutlich ausdrüken, indem sie die Sache entweder nur in der Studierstube kennen gelernt haben, oder zu weit ausdehnen, oder von einem Lande, wo sie vielleicht noch hart existiret, auf alle andere schliefsen, von denen sie wissen, dafs der Bauer unterthänig ist *), so halte ich es für nöthig, die mit einander verbundenen, unter *einen* Namen Leibeigenschaft geworfenen Sachen von einander zu trennen; und diese sind

1) *Leibeigenschaft* oder *Erbunterthänigkeit*, wie man will. Diese bestehet darinnen, dafs der Bauer, wenn er wegziehn will, seinen Herrn darum bitten mufs, und ein Losgeld erleget, dafs der Herr über seine Handlungen wachet, damit er sich nicht schadet, und für ihn sorget,

wenn

a) Dieses findet man in einem sonst treflichen Aufsaze im Deutschen Museum, 1783. 10 St. S. 326. und so andre mehr, da man Polen, Rusland, Laufiz, Schlesien, Meklenburg, Pommern etc. in einen Teig knätet, und den neuen ungeniefsbaren Pumpernikel, Leibeigenschaft, Barbarei, Tyrannei, und Gott weifs was mehr, nennet.

wenn er nicht auskomt. Sie werde abgefchaft:
der Herr verlieret den kleinen Gewinn des Los-
geldes, brauchet nicht auf ihn acht zu haben,
noch ihn zu unterftüzen, wenn er nichts hat.
Wen traf das unglükliche Jar 1790 mehr, den
Herrn oder den Bauer? Wir hatten kein Futter,
kein Getreide, kein Stroh, keinen Flachs;
und wer dafür forgte, war der Herr — denn
der Bauer foderte von ihm die Unterftüzung
als Schuldigkeit. Solte diefe noch fortdauern,
wenn das Band zwifchen ihm und feinem Herrn
zerriffen würde? Und dann: Sind denn jene
Länder gluklicher, wo der Name Eigenfchaft
und Unterthänigkeit unbekant geworden, und
die Frohnen geblieben find? Ift es Glük, diefes
Schattenfpielwerk zu befizen, fo glaube ich immer, dafs der Verluft von Seiten der Herrfchaften geringer fein würde, und der Gewinn auf
der andern Seite nur idealifch dargeftelt werden
könte.

2) *Dienfte oder Frohnen.* Diefe haben mit der
Unterthänigkeit nichts zu fchaffen, fie hängen
nicht an der Perfon, fondern am Gute. Es
kan einer ganz frei fein, und mufs doch Dienfte thun, er kan aber auch eben fo gut unterthänig fein, ohne Dienfte zu haben. Vermuthlich meinen unfere Schriftfteller diefe Dienfte,

wenn

wenn fie von der Aufhebung der Leibeigenfchaft fprechen. Aber fie werden doch um des
Himmels willen nicht verlangen, dafs man fie
fo hingeben folle, oder hingeben könne, ohne
wahren Verluft zu haben? Ihre Dienfte können leicht ins Geld gefchlagen werden — und
diefe Entfchädigung wird doch keine Barbarei fein — Es gefchiehet diefes bei uns fehr
oft; und komt immer mehr in Aufnahme ³) —
und dadurch werden die Dienfte, aber nicht
die Unterthänigkeit aufgehoben.

3) *Gutsfreiheit.* Wenn auch der Bauer
von den Dienften entbunden, oder auch zugleich für feine Perfon ganz frei wäre, fo ift
dadurch fein Grundftük noch nicht frei geworden; er kan die herrfchaftliche Hutung nicht
unter-

---

³) Ich habe felbft auf dem einen Gute fchon feit
fechs Jaren, die Bauerndienfte in Geld verwandelt, und zahle den Gärtnern anftat des Hofeef-
fens ein proportionirliches Lohn, wobei fie fich
weit beffer ftehen, und wo die Leztern noch mehrern Verdienft, und auch alle Tage viel Zeit zu
eignen Gefchäften gewonnen haben. *Aber ich that
es freiwillig.* Auf dem andern Gute böt ich eine
noch beffere Art meinen Leuten an, aber fie hatten kein Herz dazu.

untersagen, nicht Steine brechen, oder sonst etwas vornehmen, was der erste Empfänger unterlassen muste. Man betrachte die Sache genauer, um zu finden dafs ich recht habe. Aber auch diesem vermeintlichen Uebel kan abgeholfen werden. Der Bauer verkaufe seinem Herrn die Narung um den Preis, um den er sie annahm, rechne nach Gelegenheit seine erweisliche Meliorationen, und dann kaufe er dem Herrn dieselbe wieder ab, stipulire sich seine neue Gerechtigkeiten, und nun kan er als *wahrer freier Erbzinsmann* alles dasjenige thun, was ihm jezt das Sachsenrecht nicht einräumen will, und dann wird, wie schon gesaget, ein Gut, das kaum 500 Thaler gilt, mit funfzehnhundert bezalt werden. Der Herr wird sein Eigenthum, das seine Vorfahren wegen der Restrictionen umsonst oder gegen eine Kleinigkeit hingaben, wenn er dieselben bezalt erhält, gern fallen lassen, und der Landmann wird die ihm frei aufgehende Sonne mit mehrerer Herzlichkeit begrüfsen können, wie man glaubet, als jezt, da er unterthänig und eigen ist!!

Und dann — und dann — *Ich fürchte,* so sagt ein treflicher Auffaz über die Aufhebung

bung der Leibeigenſchaft 4) — *ich fürchte, es gebt den befreiten Leibeigenen, wie dem armen Bottom in Midſummer Night-Dream:* „*Poor they! they are but translated!*"

Alles dieſes kan auch geſchehen. Wer es aber thun und einrichten kan, iſt der Herr, denn wer würde ihn entſchädigen, wenn ihm eine andre Hand ſeine Gerechtſame entziehen wolte, und würde es nicht hart und unbillig ſein, wenn unſre Schriftſteller, die wider ihre ſogenante Leibeigenſchaft reden, die Rechte, welche der eine beſizet, durch ihre Machtſprüche, dem andern beilegen, und die urſprünglichen Gerechtſame der Menſchen reſtituiren dürften? Ich denke hier an *Luthern* und *Spalatin*, wovon der erſte *Heinrichen von Einſiedel*, der ihn befragte, ob er mit gutem Gewiſſen die Frohnen beibehalten könen, die Antwort gab: „Wenn die Frohne alt ſei, und von euren Aeltern und Vorältern auf euch gewachſen, und nicht durch euch aufgebracht, ſo habet ihr keine

4) Im deutſchen Muſeum a. a. O. 331. Schade daſs der Verf. nicht durch die Oberlauſiz gereiſet iſt, ſonſt ſtünde gewiſs ſein ganz ſchiefes Urteil über das Land und die daſige Unterthänigkeit nicht da, in einem Auffaze, der ſonſt beherziget zu werden verdienet.

keine Urfache, euch darüber Gewiffen zu machen. — Es wäre auch nicht gut, daſs man das Recht, die Frohne zu thun, liefse fallen, und abgehen, denn der gemeine Mann müffe mit Bürden beladen fein 5), würde auch fonften zu mutwillig; wo ihr aber wollet, fo könnet und möget ihr aus Gutwilligkeit den Armen und Unvermögenden etliche Frohnen erlaſſen."

George Spalatin antwortete das nämliche, wie *Luther*, fügte aber noch folgendes bei: ich wolte die alte Frone in Gottes Namen laſſen bleiben, denn wie die alten Hochgelarten fchreiben, alle Neuerungen bringen Befchwerung mit ihnen, und wie in einem griechifchen Sprüchworte ftehet: *vetus malum ne moueas,* man folle alte Befchwerung nicht rühren und erregen. Dergleichen Befchwerung, Laft und Bürden find viel in Polizeien; wer wollte nun dieſelbigen alle abfchaffen, denn da würde ein groſ-

ſer

---

5) Jezt glaubet man das Gegentheil, jezt foll es nicht blos das *Huhn im Topfe* haben, fondern man wünfchet im Stillen auch, daſs das Sprüchwort von *den gebratnen Tauben* wahr würde. Guter *Asmus*, dein Remedium wider diefe gebratnen Tauben mag niemand benuzen!

ser schreklicher Wust und Zerrüttung daraus werden [6])

Man klaget in manchen Ländern, daſs der Landeigner nichts kontribuire. In der Oberlauſiz belegte ſich der Adel vor Alters mit der Mundgutſteuer, da der Bauer die Rauchſteuer überkam, deſſen Abgaben der Herr mit übernehmen muſs, wenn ihm ſein Gut anheim fällt. Die Nazionalverſamlung in Frankreich machte den Adel kontribuabel, und dieſer entſagte ſeinen Rechten. Iſt dieſes aber nicht kontribuiret, wenn des Herrn eigene, oder auch nun freier gewordene Leute es thun, denen die Vorfahren dieſe Abgaben anſtatt andere Praeſtanden übertrugen, denn er und ſeine Leute waren nur *eine* Perſon im Staate, welches freilich in Frankreich, durch dieſe und andere Schlüſſe der Nazionalverſamlung ſich abgeändert hat, und ſo der Adliche und der Bauer einander ſchier ebenbürtig geworden ſind.

In andern Ländern volle Freiheit und volles Eigenthum nach dem Wunſche manches Schriftſtellers, allgemein, auf einmal und ohne die Herrſchaften zu hören oder zu entſchädigen, oder den noch nicht überall vorbereiteten Landmann

6) Hauſchild a. a. O. S. 17.

mann erst langsam zu gängeln, bis er, ohne sich und andern zu schaden, frei laufen könne, einführen wollen, würde die ganze Harmonie des innern Zustandes zerreissen, so wie überhaupt, wenn die Subordination der Unterthanen unter ihre Herrschaften irgendwo gehemmet und den Letztern zu sehr die Hände gebunden werden solten, die Zukunft auf die ganze Staatsverfassung eines solchen Landes leicht die bitterste Wermuth giefsen würde.